保育者のための

子どもの「怒り」へのかかわり方

アンガーマネジメントのテクニック

野村恵里 著

中央法規

はじめに

　保育はたくさんの人とのつながりで成り立ちます。

　そしてそれぞれの人が、さまざまな気持ちをかかえて生活しています。生活や時間に余裕のあった時代は、この気持ちを伝えあう心のゆとりがあったのかもしれません。でも今の時代は、親子の間でさえ、気持ちを伝えるという時間が失われつつあるのではないでしょうか。

　忙しい毎日のなかでがんばっている保護者は、子どもの気持ちに寄り添っている時間なんてないのかもしれません。でもこれは、危機的状況です。この時代だからこそ、自分の気持ちも他人の気持ちも大切にできるコミュニケーションが必要だと思うのです。怒りやイライラで充満した生活ではなく、親子が信頼し合い安心できる生活が作れる方法を、保育者が提案していきませんか。

　本書は、子どもの怒りについて紹介しています。子どもの怒りとの向き合い方やかかわり方について、できるだけ具体的に説明するよう工夫しています。そして、保護者にも紹介しやすいよう、家庭で取り組めるワークシートも用意しています。

　保育者と家庭が協力しながら、子どもの気持ちを大切にしてあげてください。それぞれの立場で気持ちコミュニケーションの技術を練習し、子どもに伝え続けることは、将来子どもがつらい状況に陥ったときにも、自分自身で乗り越える心の強さになるでしょう。

　そして何より、保育がしやすい人的環境を作るヒントがアンガーマネジメントにたくさんあることを、あなたに知ってもらいたいと思っています。

目　次

はじめに

第1章
子どもはなぜ怒るのか？ 1

Verset 1　アンガーマネジメントとは 2

Verset 2　子どもにアンガーマネジメントを教えること 4

Verset 3　怒りの性質 6

Verset 4　怒るときのルール 8

Verset 5　アンガーマネジメントはトレーニング 10

Verset 6　怒りのピークは6秒間──衝動のコントロール 12

Verset 7　怒りの境界線を決める──思考のコントロール 14

Verset 8　怒り方を決める──行動のコントロール 16

Verset 9　アンガーマネジメントを教えるときのポイント 18

Verset 10　声をかけるときの6つのステップ 20

Column　保育現場の現状とアンガーマネジメント 23

Verset 11　保育者がモデルであるという意識 24

Verset 12　保育者が「怒りの種」を植え付けない 26

第2章
子どもの怒りとどう向き合うか 29

Verset 1　心の感情タンク 30

Verset 2　怒りが誘発される仕組み 32

Verset 3　アンガーマネジメントが浸透したクラス運営 34

Verset 4　アンガーマネジメントを理想論で終わらせない 36

Verset 5　保育者の感情表現力を高める 38

Verset 6	気持ちを言語化する効果	40
Verset 7	事例を使って考える──気持ちコミュニケーションのワーク①	42
Verset 8	事例を使って考える──気持ちコミュニケーションのワーク②	44
Verset 9	自分の「今」の気持ちを大切にする	46
Work	フィーリングダイアリーをつけよう	48

第3章
子どもが自分の怒りをコントロールするために ……… 51

Verset 1	人生をよりよく生きるために	52
Verset 2	怒りの感情を味方につける	54
Verset 3	幼児期にアンガーマネジメントを学ぶ幸せ	56
Verset 4	つらい思春期を迎えないために	58
Verset 5	**子どもと一緒に学ぶテクニック❶6秒ルール**	60
Verset 6	**子どもと一緒に学ぶテクニック❷呼吸リラクゼーション**	62
Verset 7	**子どもと一緒に学ぶテクニック❸コーピングマントラ**	64
Verset 8	**子どもと一緒に学ぶテクニック❹グラウンディング**	66
Verset 9	**子どもと一緒に学ぶテクニック❺ストップシンキング**	68
Verset 10	**子どもと一緒に学ぶテクニック❻タイムアウト**	70
Verset 11	**子どもと一緒に学ぶテクニック❼スケールテクニック**	72
Verset 12	**子どもと一緒に学ぶテクニック❽エクスターナライジング**	74
Verset 13	**子どもと一緒に学ぶテクニック❾ポジティブセルフトーク**	76
Verset 14	**子どもと一緒に学ぶテクニック❿イメージリラクゼーション**	78
Verset 15	**保育に活かすテクニック❶サクセスログ**	80
Verset 16	**保育に活かすテクニック❷ストレスログ**	82
Verset 17	**保育に活かすテクニック❸べきログ**	84
Verset 18	**保育に活かすテクニック❹24時間アクトカーム**	86

第4章
アンガーマネジメント実践編① 保育現場での使い方 ………… 89

Verset 1	子どもにアンガーマネジメントを使う ………… 90
Verset 2	6秒ルールの活用法 ………… 92
Verset 3	呼吸リラクゼーションの活用法 ………… 94
Verset 4	コーピングマントラの活用法 ………… 96
Verset 5	グラウンディングの活用法 ………… 98
Verset 6	ストップシンキングの活用法 ………… 100
Verset 7	タイムアウトの活用法 ………… 102
Verset 8	スケールテクニックの活用法 ………… 104
Verset 9	エクスターナライジングの活用法 ………… 106

第5章
アンガーマネジメント実践編② 年齢に応じた使い方 ………… 109

Verset 1	1歳児への使い方 ………… 110
Verset 2	2歳児への使い方 ………… 112
Verset 3	3歳児への使い方 ………… 114
Verset 4	4歳児への使い方 ………… 116
Verset 5	5歳児への使い方 ………… 118

第6章
保護者に伝えたい 子どもが怒ったときの対応 ………… 121

Verset 1	家庭の協力は不可欠 ………… 122
Verset 2	保護者に伝えるときのポイント ………… 124
Verset 3	**子どもが怒りそうになったら❶怒らなくても済む方法を探す** ………… 126
Verset 4	**子どもが怒りそうになったら❷怒りを緩和する方法を選ぶ** ………… 128
Verset 5	**子どもが怒りそうになったら❸気持ちコミュニケーションを使う** ………… 130
Verset 6	**子どもが怒ったらどうする？❶**「怒れば何とかなる」という誤解 ………… 132

Verset 7	**子どもが怒ったらどうする？❷テクニックを使って一呼吸置く**	134
Verset 8	**子どもが怒ったらどうする？❸怒りに伝染しない**	136
Verset 9	**子どもが怒ったらどうする？❹すぐに効果が出ると思わない**	138
Verset 10	**子どもを怒るときの注意点❶機嫌で怒り方を変えない**	140
Verset 11	**子どもを怒るときの注意点❷関係のないことを持ち出さない**	142
Verset 12	**子どもを怒るときの注意点❸原因を責めない**	144
Verset 13	**子どもを怒るときの注意点❹一方的に決めつけない**	146
Verset 14	**子どもを怒るときの注意点❺程度言葉を使わない**	148
Verset 15	**保護者自身の怒りへの向き合い方❶自分の怒りのタイプを知る**	150
Verset 16	**保護者自身の怒りへの向き合い方❷強度が高い人のトレーニング**	152
Verset 17	**保護者自身の怒りへの向き合い方❸持続性がある人のトレーニング**	154
Verset 18	**保護者自身の怒りへの向き合い方❹頻度が高い人のトレーニング**	156
Verset 19	**保護者自身の怒りへの向き合い方❺攻撃性が高い人のトレーニング**	158

付録 ··· 161

おわりに

第 1 章

子どもはなぜ
怒るのか？

Verset

1

アンガーマネジメントとは

上手に怒ること、できますか？

　アンガーマネジメントは、1970年代にアメリカで始まった自分の怒り（アンガー）と上手に付き合う（マネジメント）ための心理トレーニングです。アンガーマネジメントがめざすのは、「怒らない」ことではなく、「上手に怒る」ことです。「上手に怒る」ためには、イラっとした出来事の仕分けをし、「これは自分にとって、怒ることか怒らないことか」の線引きをすることが必要です。イラっとする感情は自然に沸き起こってくるため、どうしようもありませんが、怒るか怒らないかを決めて行動することはコントロールできます。今の段階で「上手に怒れない」場合、この仕分けがうまくいっていないのかもしれません。

　でも、怒ることと怒らないことが決まれば、「上手に怒る」ことも難しくありません。私が保育者研修で話をするとき、「怒ってイイですよ」の一言を伝えると、皆さんにほっとした笑顔が見られます。今後、上手に怒ることができれば怒ってもかまいません。

人間関係を築くアンガーマネジメント

　アンガーマネジメントにはたくさんの技術があり、感情をコントロールするためにそれらを身に付け、練習をしていきます。練習を続ければ必ず身に付いていくものです。

　人によって、また取り組み方によって身に付くまでの期間は異なりますが、練

習する努力は決して無駄にはなりません。保育をするうえで、子どもや保護者、同僚との関係を、今より良好に変えてくれるはずです。アンガーマネジメントは、人間関係を築いていくために不可欠な技術であるといえます。

「上手に怒る」には、4つのメリットがあります。

❶ 何度も同じことで怒らなくてすむ
❷ 言い訳されずにすむ
❸ 反発されずにすむ
❹ 自分も相手も混乱せずにすむ

こんな怒り方ができれば、ずいぶん楽になるはずです。怒ることで事態が悪化することもなく、失敗することもなく、成功する確率が高くなるわけですから、アンガーマネジメントを習得することは自分にとっていいことづくしです。また、自分自身のストレスも減ってきます。

それは、「あのとき怒って失敗した」と後悔することがなくなるからです。後悔しない怒り方ができれば、怒りすぎて後悔することも、怒れずに後悔することもなくなるのです。

・怒りすぎて後悔→怒る必要がなかったこと
・怒れずに後悔→怒る必要があったこと

無駄な後悔でストレスを溜めないためにも、アンガーマネジメントで上手に怒れるようになりましょう。

Verset

2

子どもに
アンガーマネジメントを教えること

アンガーマネジメントは自己肯定感につながる

　子どもたちにアンガーマネジメントを教えることは、子どもの将来を幸せにすることだと思っています。

　保育園を卒園し、小学校、中学校、高校、大学、社会の中で、たくさんの人と出会い、かかわりをもちながら人生を歩んでいく子どもたち。人生では、時に失敗することもあるでしょう。誰かの言葉に傷ついたり、理不尽な怒りの対象になることもあるかもしれません。自分にとってマイナスな出来事にぶつかったとき、どう乗り越えていくか、どう幸せになっていくかは自分次第です。

　今の自分の状態を嘆き、誰かのせいにして不幸せなまま過ごすのか、問題を乗り越え、自分の力で幸せに過ごすのか。その人生への向き合いかたの違いは、アンガーマネジメントが身に付いているかどうかが影響するといえます。

　幼児期からアンガーマネジメントを学ぶことによって、自分の気持ちを大切にできる自尊心が育ちます。自尊心が育つことで、自己肯定感が培われます。自己肯定感は「ありのままの自分を受け入れること」なので、自分の力を信じることができる子どもに成長します。自己肯定感の高い子どもは、人生の壁にぶつかったときもそれを乗り越えることができる自己効力感が身に付きます。

自分を後押しするエネルギーとして活用

　アンガーマネジメントができれば、自分の心を傷つけることはありません。「どうせ自分が悪いんだ」「うまくいかないのは自分のせいだ」と自己否定したり、責めたりすることがなくなります。「お前のせいでうまくいかない」「お前さえいなければ」と、相手を罵倒することもありません。つまり、自分でよりよい人間関係を作りながら生きていくことができるのです。人から信頼され、チャンスをつかみ、選択肢を広げ、豊かな人生を送ることができます。

　アンガーマネジメントを精力的に取り入れ、「怒りの感情を悪」とせず、自分を高めてくれるモチベーションになる感情として活用することができる子どもたちを増やしましょう。

　アンガーマネジメントを学んだ子どもが、自分の怒りを上手に扱うことができれば、怒りの発信源が減っていきます。不必要な怒りが減れば、世の中のマイナスな怒りのエネルギーは減っていきます。たとえ、怒りを感じても、プラスに変換する技術を身に付けておけば、生活のあらゆる場面で役に立つでしょう。

　さまざまな岐路における選択肢を広げ、可能性を広げ、人間関係を良好にし、ハッピーな人生の主人公になれることこそ、子どもにアンガーマネジメントを教えることの最大の効果です。

Verset

3

怒りの性質

怒るときの感情を、プラスのエネルギーに変える

　子どもにアンガーマネジメントを教えるときに知ってほしいのは、怒りの性質についてです（表）。

表　怒りの性質

①強い者から弱い者に流れる	→高いところから低いところに流れる →お父さんからお母さん、上の子どもから下の子ども、保育園で自分より弱い友だちへ
②身近な対象ほど強くなる	→「わかってくれているはず、知っているはず」という思い込みがあるため →パートナー、子ども、職場の先輩、同僚、後輩など
③矛先を固定できない	→強い者から受けた怒りを強い者に返せない →八つ当たり
④伝染する	→情動伝染 →無意識に共感し模倣する
⑤エネルギーになる	→自分を高めるモチベーションになる →ほかの感情よりもエネルギーが強い

　マイナスのイメージが強い怒りの感情ですが、プラスに変換させることができれば、自分を高めてくれるモチベーションになってくれます。「悔しさをばねに人生に成功する」がよい例ですね。

　怒りは防衛感情ともいわれています。自分の身が危険にさらされたとき、怒りの感情のエネルギーを使って自分や大切なものを守るための行動を起こします。

　動物の縄張り争いや火事場の馬鹿力などがよい例です。ふだんの自分からは考えられないくらいの力が発揮できるのは、怒っているときです。人間から排除できない感情なら、プラスのエネルギーとして活かすほうが建設的です。

マイナスからプラスに変換する

　大事なのは、子どもの怒りの方向性をマイナスからプラスに変換することです。

　今はマイナスな怒りの表現をしていても、かかわり方次第でプラスに変換できます。ヤンチャでトラブルメーカーな子どもの怒りの発信源を見つけ、プラスに変換できる解決策を探してみましょう。

　同時に、その子の気持ちに寄り添ったかかわりを続けることで、子どもが安心感をもてるようにします。認められ信頼される経験は、マイナスからプラスへのスイッチになってくれます。一つひとつの満足体験や成功体験の積み重ねが、その子のリーダーシップを発揮する力になり、元気いっぱいな笑顔で活動できる子どもへと変えていくことでしょう。

Verset

4

怒るときのルール

ルールを実践させる工夫

怒るときに守ってほしいルールが3つあります。

❶人を傷つけない

❷自分を傷つけない

❸物を壊さない

このルールを守れば、人間関係を壊さずに怒ることができます。

子どもに教えるときは、「友だちやお家の人と仲よくするために守ってほしい、怒るときのルール」と伝えるといいでしょう。

子どもたちには、できるだけわかりやすい言葉で伝えるようにしましょう。言葉を覚えさせることが目的ではなく、実践できるようになることが重要です。

わかりやすいようにイラスト付きで描き、保育室のいつでも目につきやすい場所に3つのルールを貼っておくのもいいですね。

人を傷つけるのは自分を傷つけること

では、3つのルールについてもう少し詳しく見ていきましょう。

❶人を傷つけない

身体を傷つけることと心を傷つけることは、絶対にしてはいけないことです。怒りを爆発させて誰かを傷つけ「スッキリした」という子どももいます。でもそれは、一時的なもので、そのツケは必ず自分に返ってきます。人を傷つける

　行為の裏側で、傷ついている自分の心があるはずです。人を傷つけることは、自分を傷つけていることだということを気づかせてあげましょう。

❷自分を傷つけない

　自分を責め続けていると、自分を大切にする心が失われてしまいます。「どうせ自分なんか」「自分はダメな子だ」「全部自分が悪いんだ」と思いながら生きていると、自尊感情や自己肯定感、自己効力感も育ちません。

　100％完璧な人間はいません。できないことや苦手なことがあってもいいし、できるようになりたい気持ちをもって一つひとつ積み重ねていくことが大切です。保育者とのかかわりのなかで、子ども自身が自分を信じる心づくりをしていきましょう。

❸物を壊さない

　腹が立っていると、行動や言葉が乱暴になってしまいがちです。人を傷つけるよりましだと思いがちですが、後々人を傷つける行為へと変わっていく可能性があります。

　物を壊すことが習慣化すると、いずれ壁に穴が開くことにもなりかねません。そばで物に当たっている人がいると恐怖を感じますね。物に当たって相手を威嚇(い)する行為はDVにあたるそうです。将来、取り返しのつかないことにならないためにも、怒ったときの気持ちの解消法を幼児期にたくさん学べるチャンスを作ってあげましょう。

Verset
5

アンガーマネジメントは
トレーニング

無駄な怒りから解放された状況をめざす

　アンガーマネジメントは、練習を続けながら怒りに振り回されない心をつくることです。練習を始めた頃は、うまくいかなかったり思いどおりにならないことが多く、技術が身に付いてきても、失敗したり後悔することがあるでしょう。でも、そこであきらめなければ、必ず怒りに振り回されない心を手に入れることができます。「感情で怒る」ことを「技術で怒る」ことに変えることで、自分も他人も傷つけず、物も壊さず、上手に怒りを表現できるようになります。

　目の前にいる子どもたちと一緒に、トレーニングを続けてください。保育者とクラスの子どもが一丸となって、無駄な怒りから解放された心地よい環境作りをしていきましょう。子どもの心も身体も安心・安全な環境で、穏やかに保育できる幸せが必ずやってきます。

3つのコントロール力

　これからあなたにトレーニングしてほしいのは、3つのコントロール力を身に付けることです。

❶衝動のコントロール

　怒ったときの感情のピークは長くて6秒間です。この6秒間に、衝動的に言い返したりやり返したりしないこと。

❷思考のコントロール

「べき」を仕分けて「怒る」「怒らない」を決めます。「機嫌で仕分けの境界線を変えない」ことがポイント。

❸行動のコントロール

どうやって怒るのかを考えます。怒り方は「気持ちを伝える＋リクエスト」（44頁参照）。

この3つのコントロールができれば、怒ることで失敗したり後悔することはなくなります。

アンガーマネジメントは、「怒る」ことがNGではなく、上手に怒ることができれば、怒ってOK。衝動的に暴力を振るうのではなく、まずは衝動のコントロールで一呼吸おきます。そして「これは怒るべきことかどうか」と思考をコントロールしながら考えます。「怒るべきこと」に仕分ける出来事であれば、怒ってOK。ただ、どうやって怒るのかを考え、一番効果的に相手に伝わる怒り方で怒るよう、行動をコントロールします。

この3つのコントロールが怒りのコントロールの技術となり、「怒ると決めたことには上手に怒る、怒る必要のないことには怒らずにすむ」毎日を手に入れることができるのです。

アンガーマネジメントはスポーツと同じです。人によって習得具合やかかる時間は違いますが、トレーニングを続けることで、必ず上手になっていきます。あきらめずに続けていきましょう。

Verset
6

怒りのピークは6秒間
［衝動のコントロール］

6秒待って一呼吸おく

アンガーマネジメントがめざすのは、「上手に怒る」ことです。イラっとしたことすべてに怒っていては、上手に怒ることはできません。衝動的に怒ってしまうと、「それ、本当に怒ることなの？」と自分に問う時間がありません。怒る前に自分と会話する時間が必要です。つまり、刺激に対してすぐに怒りを発動させないということです。

常に子どもと向き合っている保育者は、日々かなりのエネルギーを必要とします。逆にいえば、エネルギーをもちあわせていない人は、毎日保育を続けていくことがしんどくなるでしょう。エネルギーがあるからこそ、元気だからこそ、刺激にすぐ反応できるのです。でもアンガーマネジメントでは、怒ることに関して、刺激にすぐ反応するのはNGです。

怒りを発動するのは、イラっとしてから6秒後にしましょう。なぜなら、怒りの感情のピークは、長くて6秒間だからです。6秒待てば落ち着きます。この6秒間をやり過ごすことで、一呼吸おくことができます。自分と会話することもできるでしょう。「それ、本当に怒ることなの？」と自分に問いかけることができます。怒る必要のないことにまで、怒りを発動することはないのです。それでなくても、保育者は常にエネルギーを燃やしながら保育をしているのに、無駄にエネルギーを消費することなんてないんですよ。

自分の怒りを受け止める

　一呼吸おくために、何ができますか？　背伸びをしてもいいですね。胸に手をおいて、首をくるくる回してもいいですね。目の前にいる子どもの手を取って、ゆっくりなでてあげてもいいですね。そして、心の中にいる自分と会話してみましょう。「怒ってるね。私」「6秒待って考えよう。怒りの発動はそれからでも遅くないよ」と言ってあげましょう。

　怒りは自然に沸き起こってくる感情ですから、否定するとストレスが溜まってしまいます。上手に怒るためにも、まずは自分が怒りを感じていることを受け止めましょう。怒りの発動はそれからでも遅くありません。というより、一呼吸おいて発動したほうが効果的です。

　アンガーマネジメントには、衝動のコントロールをするためのテクニックがあります。本書でも、アンガーマネジメントの基本テクニックとして第3章で紹介します。保育者だけでなく、子どもと一緒に取り組むことができるテクニックです。保育者がモデルとなって、アンガーマネジメントを子どもたちにも定着させていきましょう。子どもが一番取り組みやすいのが、衝動のコントロールです。いつでもどこでもできるテクニック、難しい技術が必要ないテクニックばかりなので、あれこれ理屈を考える大人より、素直な子どもたちはスッと実践できるはずですよ。

Verset
7

怒りの境界線を決める
［思考のコントロール］

境界を阻害する3つの問題

　アンガーマネジメントがめざすのは、「上手に怒る」ことです。そのためには、イラっとした出来事の仕分けが必要になります。仕分けとは「怒ることか、怒らないことか」という線引きをすることです。ここでは、仕分けをするために必要な「怒りの境界線」を決めていきましょう。

　そのために必要なのは「べき」の理解です。「○○べき」「○○べきでない」という、誰もがもつその人の価値観であり、願望であり、希望であり、欲求を表す言葉です。この「べき」を基準に、私たちは目の前の出来事を「許せるか、許せないか」決めているのです。そして、「許せない」と思った出来事に対して怒ります。

　「許せる」「許せない」の境界線が明確になれば、仕分けの作業もしやすくなります。ところが、この境界線を明確にする作業にとって、厄介な問題が3つあります（表）。

　この問題を解消できれば、あなたが怒る基準を相手が理解します。さらにあなたの許容範囲が広がります。そして、具体的に伝える技術が身に付いていくでしょう。

　例えば、職員会議で「あいさつはするべき」だと話し、全員が同意したとします。先輩保育者が、後輩保育者に「あいさつはきちんとしてね」と伝えます。出勤してきた後輩保育者が、元気のない声であいさつをしたので「あいさつは

表　許せる、許せない境界線の明確化における課題

①機嫌に左右される	「機嫌のいいときには許せるけど、機嫌の悪いときには許せない」というように、仕分けの基準が自分の機嫌になってしまうと、境界線がまっすぐ引けません。同じ出来事が境界線を行ったり来たりするようでは「上手に怒る」ことはできません。大切なのは、「許せる」「許せない」を仕分けるときの基準を機嫌で決めないということです。怒った後に後悔するのならば、最初から「許せる」に仕分けましょう。
②自分の「べき」= 他人の「べき」ではない	思いがけないことをしている人を見て「ありえない」「普通そんなことしない」と感じるのは、自分の「べき」が影響しています。自分の「べき」は自分にとって正しいけれど、相手には正しいとは限りません。育ってきた環境や年齢、性別、学歴、職場、現在の状況など、さまざまな事柄に影響されて自分の「べき」は作られます。自分の「べき」と他人の「べき」がイコールではないことを知ったうえで、自分の「べき」を明確にしましょう。
③「べき」は程度問題	自分の「べき」と他人の「べき」が同じでも、まだ安心はできません。なぜなら、その程度が違うかもしれないからです。「あいさつをするべき」「時間を守るべき」「服装を正すべき」など、一見誰でももっている「べき」のように思えますが、細かく確認すると微妙な違いがあるものです。ブレない境界線を決めるために、誰が聞いてもイメージが一致するくらい「べき」を具体化しておくとよいでしょう。

きちんとしてねって言ったでしょ」と怒ると「きちんとしました！」と口答えされてしまいました。

　この場合、「きちんと」が曲者ですね。全員「あいさつはするべき」と思っているにもかかわらず、とらえ方が2人の間で異なったため、先輩保育者はイラっとしたのでしょう。同じ「べき」だとしても、思い描いている姿が一致しているかどうかの確認を怠ってはいけません。できるだけ細かいところまで言葉にして、具体的に伝えることでギャップは小さくなります。

　これらの3つの問題を意識しながら境界線を引くことで、仕分け作業に迷うことが減ってくるでしょう。さらに仕分けがうまくいった後は、3つの努力をしていきましょう。まず、保育者の怒りの境界線を子どもたちに見せる努力が必要です。そして、子どもに見せた怒りの境界線を機嫌で変えない努力、子どもと保育者の「べき」は大きく違うことを認識し、具体的に子どもが保育者の「べき」をイメージできるように伝える工夫をする努力をしていきましょう。

Verset

8

怒り方を決める
［行動のコントロール］

怒りの仕分け方

これまで、衝動のコントロールで一呼吸おいて、思考のコントロールで「怒る」「怒らない」を決めてきました。いよいよ、怒るときがやってきました。行動のコントロールです。

ここでは、どうやって怒るのかを決めていく作業をします。これから行動を起こすために、あなたはこれから述べる❶から❹までの4つの選択肢のなかからどう怒るかを選んで仕分けていきます。イメージしやすいように、事例で考えてみましょう。

発表会の予行練習。ほぼ形ができ上がって子どももスムーズに動けるようになっているにもかかわらず、園長先生にダメ出しされてしまった。

1　衝動のコントロール・思考のコントロール

衝動のコントロールで6秒やり過ごし、思考のコントロールをする。何度か確認してもらっているのに変更は納得がいかないので怒ることと位置づけた。

2　行動のコントロール：❶に仕分ける場合

この状況は自分にとって重要であり、自分が良いと思う方向（いまの形を崩さず発表会に臨む）に変えたいので、❶に仕分ける。❶に仕分けて考えると、「いつ変えるのか→職員会議で提案する」「どの程度変わればOKなのか→子どもの動きは変えず、保育者の動きを変更する程度におさめる」「どう行動すれば効率的

表　怒り方の仕分け

自分が変えられる場合	自分が変えられない場合
❶重要 ・いつ変えるのか ・どの程度変わればOKなのか ・どう行動すれば効率的か	❷重要 ・変えられないことを受け入れる ・イライラしない対処法を考える
❸重要でない ・時間があるときに変える ・どの程度変わればOKなのか ・余力があるときに行動する	❹重要でない ・考えない ・放置する ・あきらめる

か→園長先生の意見を受け止めていることを伝えたうえで、保育者が対応するなど修正できる点を明確にして伝える」ことを決めて行動する。

3　行動のコントロール：❷に仕分ける場合

　この状況は自分にとって重要だが、園長先生の言っていることは「絶対」で、自分がどう言おうが変えることはできないため、❷に仕分ける。その場合、「今の状況を変えることはできない」と受け入れるしかない。そして、イライラしない対処法として、子どもたちと一緒にドッジボールをして身体を動かし、気持ちをリセットした。

4　行動のコントロール：❸に仕分ける場合

　この状況は自分にとって重要ではないが、園長先生にうまく伝えればダメ出しを撤回してもらえる気がするので、❸に仕分ける。「時間のあるときに変える→次回の練習のときにもう一度見てもらう」「どの程度変わればOKなのか→まだ本番までに時間があるので、子どもが混乱しない程度ならOK」「余力があるときに行動する→今日はやめておこう。明日の練習時間に来てもらうよう頼むことにする」ことを決めて行動する。

5　行動のコントロール：❹に仕分ける場合

　この状況は重要でないし、変えられないので❹に仕分ける。園長先生もそのときの気分でものを言うところがあるので、気にしてもしかたがない。とりあえず、今の段階では園長先生を刺激せず、しばらく様子を見ることにしよう。

　どの箱を選択するかで行動が変わるイメージが湧きましたか。どの箱に仕分けても、行動によって相手との関係性が壊れるようなかかわりはしていません。アンガーマネジメントができれば、相手との関係を壊さずに怒ることができるのです。

Verset

9

アンガーマネジメントを教えるときのポイント

保育者が「受け入れる」環境づくり

　これまで、アンガーマネジメントを続けるための3つのコントロールについてお話ししました。まずは、あなた自身が実践していきましょう。上手に怒れるようになることで、子どもたちはいつ怒られるかわからない不安や恐怖から解放され、のびのびと生活できるようになります。それは、自分の行動がよくないことだから怒られた」ことが子どもたちに伝わりやすくなるからです。

　信頼関係を築きながら保育をしつつ、子どもにアンガーマネジメントを教える土台づくりをしていきます。そのためにはまず、子ども自身が、何か問題を起こしてしまったときに「しまった！」「失敗した！」「やってしまった！」という後悔の気持ちから逃げる必要がない環境を作ることから始めましょう。

　衝動的に暴力や暴言を吐いてしまった子どもは、「怒られる！」という恐怖におののきます。たとえ「申し訳ない」という気持ちが心にあっても、「怒られないようにするにはどうしたらいいか」ということにすべての意識を集中させます。でも、言い訳を考えていると「申し訳ない」「次は気をつけよう」という気持ちはどんどん薄れてしまい、行動がよい方向に改善されることはありません。

　これからは、子どもが問題を起こしても、失敗しても、その出来事を隠さなくてもいい環境づくりが必要です。「怒られるかも」から「受け入れてくれるはず」に変えていきましょう。

子どものありのままの事実を受け入れる

　実際に、子どもにアンガーマネジメントを教えるときにどんな声かけをしたらよいのか考えます。「受け入れてくれるはず」に変えるには、どの場面でも子どものありのままの事実を受け入れることです。たとえ問題とされる行動であっても、初めから否定や非難、評価をしないでください。「友だちを叩いてしまったね」「順番を抜かしてしまったね」という言い方でかまいません。注意してほしいのは、責めるような口調や態度をとらないことです。自分を否定されない安心感があれば、子どもは落ち着いて今の現実と向き合うことができます。

　次に、相手の気持ちではなく、「自分の気持ちに目を向ける」サポートをします。自尊心や自己肯定感は、自分の気持ちを大切にすることで培われます。自分の気持ちに気づくことができたら、相手の気持ちに目を向けることも難しくありません。「どうして叩きたいと思ったの」「どんな気持ちがあったから、順番を抜かしたくなったの」と聞いてみましょう。

　最後に「次はその気持ちをどう伝えたらいいかな」など、自分の気持ちを伝える方法や、また同じ出来事が起こったときにどうしたらいいのかを考える作業を一緒に行い、行動の改善をめざします。

　この流れで子どもに声をかけることで、保育者も子どもも今の状況を整理し、今後のよりよい感情コントロールにつなげていくことができるでしょう。

Verset
10

声をかけるときの6つのステップ

子どもの変化を確実に感じる

　ここでは、子どもにわかりやすい声かけのポイントを整理してみます。アンガーマネジメントを教える土台づくりとして、子どもが「しまった！」「失敗した！」「やってしまった！」と後悔する気持ちから逃げる必要がないためのポイントです。

❶ありのままの事実を受け入れる

　【否定、非難、評価をしない】

❷子どもが自分の気持ちに目を向けるサポートをする

　【自分の第１次感情を見つけるサポート】

❸相手の気持ちに目を向けるサポートをする

　【相手の第１次感情を見つけるサポート】

❹自分の気持ちも相手の気持ちも、どちらも大切な感情であることを伝える

　【怒ることは悪いことではない】

❺自分の気持ちを伝える方法を探すサポートをする

　【自分の気持ちを言語化するサポート】

❻解決方法を探すサポートをする

　【未来志向、解決志向で考える習慣をつける】

　これからは、この６段階の「子どもの気持ちに寄り添う声かけ手順」を踏んで子どもに声をかけることを意識してください。最初は面倒だと感じるかもしれませんが、続けていると、流れるように声かけができるようになります。そして、子どもの変化を確実に感じられるようになるでしょう。

　では、イメージしやすいように事例を使って考えてみます（次頁）。

3歳児

事例を使って考える

背景 梅雨の時期に入り、外で遊べない日が続いている。外遊びが大好きな恭介君はイライラしている。

時間帯 16時の自由遊び

出来事 降園準備が遅くなった恭介君が遊びに行くと、お気に入りのミニカーを健太郎君が使っていた。恭介君は、健太郎君がもっていたミニカーを取り上げてしまった。

❶ ありのままの事実
健太郎君のミニカーを取っちゃったんだね。

❷ 自分の第1次感情
ミニカーを取ってしまいたくなったのはどんな気持ちだったからかな？

→好きなミニカーがなくて悲しかった
→健太郎君が持っていたので悔しかった
→ミニカーがなくてあせった

❸ 相手の第1次感情
ミニカーを取られてしまった健太郎君はどんな気持ちだったからかな？

→いきなり取られてびっくりした
→恭介君に取られたので悔しかった
→恭介君に取られて悲しかった

❹ 寄り添い
恭介君は○○な気持ちだったんだね。
健太郎君は○○な気持ちだったんだね。
二人は、そんなふうに感じたんだね。

❺ 伝える方法
恭介君のその気持ちを健太郎君にどうやって伝えたらいいと思うかな？

→好きなミニカーがなくて悲しかったよ
→健太郎君が持っていたので悔しかったよ
→ミニカーがなくてあせったよ

❻ 解決方法
恭介君は次からどんなふうにしたらいいと思うかな？

→「貸して」って言ってみる

　子どもが自分や相手の第1次感情を見つけるためには、気持ちを表現する言葉の数をたくさん知っていなければなりません。身近な大人がたくさんの気持ちを表現する言葉を使って子どもに語りかけている環境であれば、第1次感情を見つけるのは簡単です。でも、もしそうでない場合は、保育者が「悔しい気持ちかな」「悲しい気持ちかな」と予想される子どもの第1次感情を言語化してみましょう。慣れるまでは、子どもたちも自分の気持ちを見つけることが難しいかもしれませんが、あきらめず、根気強く続けてください。

　保育者が伝え続けることで、子どもは言葉を学び、気持ちを表現しやすくなります。気持ちを言語化することが感情をコントロールする第一歩です。

　本書では、気持ちの言語化についても、このあと詳しくお話しします。

　そして、第1次感情を見つけた後に必ず必要なのが「寄り添い」です。どんな気持ちも大切な気持ちで、それを受け止めてもらえる安心感を子どもが実感できるようにする方法です。気持ちを表現する言葉を学んでも、それを受け止めてくれる信頼できる保育者の存在がなければ、感情コントロールは上手になりません。技術も大切ですが、心に寄り添うことを忘れないようにしましょう。

　保育者も、この流れが身に付くまでは、トラブルがあるたびに巻末の「感情の整理」ワークシート（161頁）に記入して記録をとりましょう。背景や時間帯を記入しておくことで、さらに子どもの状態をより理解するヒントになります。また、園内研修で発表し合うと、子どもの気持ちに寄り添うスキルが高まっていくでしょう。

Column

保育現場の現状と
アンガーマネジメント

　少子化が進んでいるとはいえ、働く女性が増えたことにより保育を希望する家庭は増えています。待機児童は増え続けているのに、保育士不足が深刻化しています。

　保育士が離職する理由はいろいろ考えられます。給料の安さや勤務時間の不規則さ、残業の多さ、職場の人間関係や保護者対応の難しさなどがあるでしょう。

　そんな現状を知りながらも、「保育士になりたい」と現場に入った若い保育者が、保育のすばらしさを実感する前に離職してしまうのは、大変残念に感じます。私は現在、旭川荘厚生専門学院の専任講師として勤務していますが、保育者をめざす学生にかかわる中で感じるのは、「小さな躓きに心が折れてしまう」ことが多いこと。保育のすばらしさより、現場の大変さに目が向いてしまいがちで、「こんなに大変な現場で自分はやっていけない」と思うようです。

　離職を希望する若い保育者も同じなのかもしれません。だからこそ、私は、今の現場にアンガーマネジメントが必要だと思うのです。

　アンガーマネジメントは物事をプラスにとらえるトレーニングができます。怒りは、不安や不満からも生みだされる感情です。その不安や不満がうまく表現できず、自分の心を傷つけてしまうと心が折れ、離職を選ぶしか方法がなくなるのです。

　では、不安や不満を生み出す悪条件の中で、自分の努力次第で変えられるものは何でしょう。それは、職場の人間関係を良好にすることや保護者対応の技術を身に付けることです。アンガーマネジメントができれば、この2つの問題は解消できます。

　変えられないと諦めて、不安や不満を募らせる前に、変えられるものに目を向け、自分が努力する勇気をもってみませんか。アンガーマネジメントは「小さな躓きに心が折れてしまう」ことのない強くたくましい心を作ってくれるでしょう。

Verset
11
保育者がモデルであるという意識

がんばりすぎるとストレスになる

　これまで、アンガーマネジメントを使った子どもへのかかわりについてお話ししてきました。一番大切なのは、保育者がどれだけアンガーマネジメントを意識して保育を実践できるかです。保育者が実践できていないのに、子どもに教えることはできません。あなた自身がアンガーマネジメントを実践し、子どもに伝えていく役割であることを忘れないでください。

　しかし、一生懸命になりすぎることで、二つの落とし穴に落ちてしまう可能性があります。一つは、「がんばりすぎてストレスをためてしまう」、もう一つは「強要しすぎてしまう」です。

　「がんばりすぎてストレスをためてしまう」人は、「アンガーマネジメントによって、子どもを怒らない人」になることをめざしているのかもしれません。アンガーマネジメントは、怒らなくてもいい場合に怒らないよう行動することですが、「まったく怒らない」ことをめざしているわけではありません。大切なのは、「怒る」「怒らない」を区別して考えることです。そして、「怒る」ときには上手に怒ればいいのです。

　怒ることがストレス発散だと思っていた人にとっては、「穏やかに怒る」ことに慣れるには時間がかかるかもしれません。でも本来、子どもを怒る目的は、「問題となる行動を改善するため、今よりよくするため」のはずです。ストレス発散法の怒り方だと、この目的を達成するのは難しいでしょう。目的を見失わず、

「穏やかに怒る」ことに慣れていきましょう。

　怒ることはいけないことではありません。怒らない保育者にならなくていいです。保育者がモデルとなり、上手に怒ることを子どもたちに見せてあげてください。

他人に強要しない

　「強要しすぎてしまう」人は、自分が取り組んでいることを押し付けているのかもしれません。アンガーマネジメントをするかしないかは、本人次第です。「私がこんなに必死でやっているのに、どうしてあなたはやらないの」と、相手にイライラしても仕方ありません。これでは、あなた自身もアンガーマネジメントに失敗している状態です。

　アンガーマネジメントは、自分自身の心理トレーニングです。上手になりたいと思った人が取り組めばいいのです。子どもにも強要することはできません。身近な保育者がアンガーマネジメントを実践する様子を見せることで、子どもたちは自然に学びます。信頼できる保育者との関係のなかで、自然にトレーニングを積むことができるでしょう。

　登園時から降園までの時間、平日は保護者よりも長い時間子どもと一緒にいる保育者の言動は、確実に子どもに影響を及ぼします。保育者のアンガーマネジメント実践力が、子どもの将来の実践力につながります。

Verset 12

保育者が「怒りの種」を植え付けない

子どもの人権を尊重したかかわり

　誰の心にも存在する「怒りの種」。お腹が空いたりおむつが濡れたとき、「不快感」という第1次感情が引き金となり、赤ちゃんは泣いて怒り始めます。そばにいる保育者は、その「不快感」を解消するためにミルクをあげたり、おむつを替えたりします。不快感が快感に変わると、「怒りの種」ははじけません。

　保育者には「赤ちゃん」という認識があるので、すべてしてあげることが当たり前、でもいつの頃からか「できて当たり前」に変わっていきます。「できて当たり前」が「できない」子どもは、この頃から「怒りの種」が増えていきます。ひどい場合には、そんな自分を責め「どうせ自分なんて」と自己否定し、自尊心が育たず、自立できない大人になったり、自分の怒りを誰かのせいにして攻撃性が高くなり、社会に適応できない大人になる可能性もあります。

　幼児期は、人間形成の基礎を作る大切な時期です。だからこそ、子どもにかかわる時間の長い保育者は、子どもの人権を尊重したかかわりが必要です。私も講師として、教育講演会や保育協議会などでの講演の依頼を受けることが増えています。また、自治体や企業の人権研修でも、アンガーマネジメントをテーマにした依頼が増え、日本アンガーマネジメント協会のファシリテーターとしての登壇が増えています。

　「人を傷つけない」「自分を傷つけない」「物を壊さない」という3つのルールを実践することで、自分自身の心を守り、怒りに支配されない保育ができるよ

うになります。さらに、子どもの心にある「怒りの種」を爆発させることもなくなるでしょう。

子どもと向き合う5つのポイント

　「怒りの種」を植え付けないとは、保育者が怒りの発信源にならないことです。「愛がある」を理由に、子どもの心に土足で踏み込まないことです。厚生労働省の「子どもを健やかに育むために〜愛の鞭ゼロ作戦〜」というパンフレットには、子どもと向き合うための5つのポイントが紹介されています。

❶子育てに体罰や暴言を使わない
❷子どもが親に恐怖をもつとSOSを伝えられない
❸爆発寸前のイライラをクールダウン
❹親自身がSOSを出そう
❺子どもの気持ちと行動を分けて考え、育ちを応援

　これは保護者に向けたものですが、保育者も同じです。そして、5つのポイントをすべてカバーできるのがアンガーマネジメントです。

　パンフレットには、体罰や暴言が、子どもの脳の発達に深刻な影響を及ぼすことも記載されています。幼児期の子どもにかかわるすべての大人にとって、アンガーマネジメントは不可欠なスキルであり、続けていくべき心理トレーニングといえます。

第**2**章

子どもの怒りと
どう向き合うか

Verset

1

心の感情タンク

一番わかってほしい本当の気持ち

　保育者は、子どもの怒りとどのように向き合えばよいのでしょうか。保育中「困ったな」と思う出来事のなかに、「子どもの怒りが強くてなかなか落ち着かない。暴れたり暴言を吐いたりする」ことはありませんか。このように、子どもが手のつけようのないとき、本当に困ってしまいますね。

　でも、よく考えてみると、こんな状態になる前に子どもの怒りを落ち着かせる方法があったはずです。この手立てができるようになれば、子どもの怒りに向き合いやすくなります。

　ここで注目してほしいのが、心の感情タンクです。心の感情タンクには、子どもが怒る前に感じている気持ちが入っています。これは、子どもが一番わかってもらいたい本当の気持ちです。子どもが暴れたり暴言を吐いたりするのは「自分が今一番わかってほしいと思っている本当の気持ちをわかってもらえない」からです。残念ながら、子どもはその気持ちを伝える方法を知りません。うまく伝わらずにモヤモヤを増殖させながら、毎日生活しています。そのモヤモヤを吐き出そうとした結果、怒りとなって「暴言、暴力」という行動に出てしまいます。

　「怒りの種」は、心の感情タンクに溜まっている「子どもが一番わかってほしい本当の気持ち」が理解されず、放置され続けることによって塊となったものともいえるでしょう。

行動ではなく、気持ちに目を向ける

　子どもの心の感情タンクに溜まった気持ちを怒りの種に変換させないために保育者ができることは、「子どもの一番わかってほしい気持ち」を言語化する手伝いです。

　この気持ちに向き合うことで、保育者は子どもの怒りに寄り添ったかかわりができるようになります。これが子どもの怒りとの向き合い方です。

　保育者のみなさんはすでに、問題児とレッテルを貼られている子どもほど「一番わかってほしい気持ち」をたくさんもっていることに気づいているでしょう。クラスの「あの子」の顔が浮かんでいるかもしれません。

　問題児といわれる子どもが抱えているたくさんの怒りの種を成長させないためにも、子どもの問題となる行動に目を向けるのではなく、子どもの心に目を向けることを意識しましょう。

　心の感情タンクは、プラスな気持ちとマイナスな気持ちを合わせて100％です。レッテルを貼られ、理解されない子どもの心の感情タンクは「先生にわかってもらえないマイナスな気持ち」がいっぱい詰まっています。心の感情タンクのプラスな感情が減り、マイナスな感情ばかりが増え続けていくと、怒りの種は増殖し、もう限界とばかりに、怒りが大爆発してしまうのです。

Verset 2

怒りが誘発される仕組み

第1次感情と第2次感情の関係

　怒りが誘発される仕組みについて、図を使って考えましょう。

　怒りは単体では存在しない、第2次感情です。それでは、第1次感情はどこにあるのでしょう。

　図をご覧ください。第1次感情は、心の感情タンクのなかにある「子どもが一番わかってほしいと思っている気持ち＝マイナスな気持ち」です。心の感情タンクには、マイナスな気持ちだけでなく、プラスな気持ちも入っていますが、ここでは「怒りの種」を作り出すマイナスな気持ちに注目して考えます。

　心の感情タンクにマイナスな気持ちが増えると、心に余裕がなくなります。「寂しい」「悲しい」「つらい」「痛い」「心配」「不安」「怖い」「苦しい」「恥ずかしい」「嫌い」などのマイナスな気持ちが第1次感情です。保護者のお迎えが遅かったり、自分のことを理解されなかったり、ブロックを壊されたり、ケガをしたり、どうしていいかわからなかったり、保育者に怒られたり、我慢できずに暴れてしまったり、上手にできなかったり、仲間外れにされたりなど、日常の出来事のなかでマイナスな気持ちを感じるたびに、心の感情タンクに溜まっていきます。そして、入るところがなくなるくらいいっぱいになって溢れ出したときに、怒りが誘発されるのです。

　この第1次感情と第2次感情の関係を理解することで、「子どもの一番わかってほしい気持ち」に気づくことができ、子どもの怒りに寄り添ったかかわりが

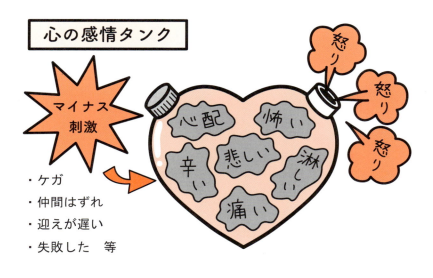

できるようになります。

子どもの本当の気持ちを言語化する

　怒りが誘発される仕組みは、子どもに限ったことではありません。怒りっぽい子ども、怒りっぽい保護者、怒りっぽい同僚など、すべてこの仕組みによって怒りが誘発されていることを知れば、目の前の相手の行動ではなく、心に目を向けることができるでしょう。

　子どもは、自分の心の感情タンクに抱えている「わかってほしい気持ち」を見つけてもらうことで、相手への信頼感を高めます。今まで伝えられなかったマイナスな気持ちを否定することなく言葉にしてくれたことで、受容してもらえる安心感を得ます。さらに、モヤモヤしていた自分の気持ちを言語化することによるスッキリ感と、伝えることで受け止めてもらえることの満足感を体験します。

　今後は、問題児だと思われる子どもに率先してかかわってみましょう。「心の感情タンクにはどんな気持ちがあるのかな。どう受け止めると楽になるかな。どんなふうに言葉にしてあげられるかな」と考えてみてください。「子どものわかってほしい気持ち」を、とにかく言葉にしてあげてください。あなたが変われば子どもも変わります。時間がかかるかもしれません。すぐに結果が出なくても、子どもの心を大切にした保育は必ず子どもに伝わります。

Verset

3

アンガーマネジメントが浸透したクラス運営

アンガーマネジメントのメリット

　アンガーマネジメントが浸透したクラス運営を行うことで、保育者や子ども、保護者のどの立場においても、メリットがあります（表）。

　アンガーマネジメントが浸透すれば、誰にとってもいいことづくしですね。それぞれの立場の人が、安心感と信頼感をもって付き合っていけば、心の感情タンクにマイナスな気持ちを注ぎ込むことはありません。安心できる信頼関係の

表　アンガーマネジメントのメリット

保育者	・子どもとの信頼関係が築きやすい ・保育にメリハリができる ・自信をもって行事の発表ができる ・トラブルが少ない ・保護者からのクレームが少ない ・穏やかに保育ができる
子ども	・安心して生活できる ・仲間意識が高まる ・自己受容、他者受容ができる ・コミュニケーション上手になる ・困難に立ち向かう力がつく
保護者	・安心して子どもを預けることができる ・意見や希望が伝えやすい ・保育者と一体感をもって子育てができる ・いつでも悩みを相談しやすい

もとで毎日を過ごすことにより、感情タンクにプラスな気持ちが注がれるようになります。心の感情タンクに幸せな気持ちがいっぱい溢れていると、たとえつらいことや悲しいことがあっても、その気持ちをやさしく包んでくれる幸せが癒してくれるでしょう。

　保育者自身がアンガーマネジメントに取り組んでいくこと、それを子どもに伝えていくこと、保護者支援に活かすことを通して、アンガーマネジメントをクラスに浸透させることは、保育にかかわるすべての人を幸せにすることができるのです。

　あなたのクラスはどうですか。あなた自身が保育を楽しんでいますか。子どもたちは幸せですか。保護者との関係は良好ですか。そう考えたとき、どんよりとした気持ちになるならば、改善の余地があります。一気に変えるのは難しいかもしれませんが、最終的にどんな関係性になりたいのかというゴールを決めておきましょう。

　他人を変えようとするより、自分の考え方や行動を変える方がはるかに簡単です。あなたがあなたの意志で、本書を手に取り学ぼうとする姿勢は、必ずあなた自身を変えていきます。あなたが変わることで、今までとは違う視点で物事をプラスにとらえられるようになります。小さな一歩で大丈夫。その一歩が、アンガーマネジメントが浸透しているクラスをつくるはじまりです。

Verset

4

アンガーマネジメントを理想論で終わらせない

練習すれば誰でも身に付く

「そんなにうまくいくはずがない」「短気だから無理」「イライラは止められない」と思っていませんか。最初は私もそんなふうに思っていました。もともと短気でイライラしやすい性格だったので、穏やかに過ごせるようになるにはかなりの時間と練習が必要でした。ちなみに私は、アンガーマネジメントに出会って6年目です。今でこそ、「先生は穏やかそうだから怒ることはないでしょう」と聞かれるほどになりましたが、以前は「聞きたいことがあっても、怖くて聞けない」と後輩に言われていた保育者でした。

でも、人は変わろうと思えば変われます。アンガーマネジメントは、精神論でも理想論でもありません。誰でも練習することで上手になります。アンガーマネジメントの技術を身に付けて、上手に怒れるようになればいいのです。超短気人間の私で実証済みです。

怒りに振り回された行動に、何もいいことはありません。自分を傷つけ、他人を傷つけ、物を壊すことはあっても、いいことなんて何もないのです。

自分に合った方法を見つける

本書では、子どもの気持ちを言語化する方法や子どもと一緒に取り組むテクニックを多数紹介していきます。中には「自分に合ってるな、これならできそう」というものがいくつかあると思います。できそうなところから始めれば

OKです。すべてを網羅する必要はありません。自分自身が取り組みやすいテクニック、クラス運営で使えそうなテクニック、A君にはこれ、Bちゃんにはこっちと、効果がありそうなものを試してみてください。うまくいかなくても大丈夫。一度でうまくいくほうがビックリです。何度か同じテクニックやかかわりを試してみてもうまくいかなければ、別の方法を考えましょう。うまくいかないことがダメなのではなく、ピッタリな見立てができていないだけなのかもしれません。

　例えば、ダイエットを考えてみてください。運動してやせる、炭水化物抜きの食事でやせる、ダイエットフーズでやせる、脂肪吸引でやせるなど、さまざまなダイエットから自分にピッタリの方法を選びますよね。そして、うまくやせなければ「これは自分に合わないわ」と、別の方法を探すことでしょう。

　アンガーマネジメントにもたくさんの方法があります。いろいろ試して自分にピッタリのアンガーマネジメントを探してください。

　短気な人も、半信半疑な人も、やったことのないアンガーマネジメントを意識するだけで、今までとは違う自分に出会えるはずです。自分が変わることで、周りにも必ずその影響が出ます。そうして、お互いに心地よい波長同士でかかわることができれば、自然に怒ることは減ってくるでしょう。

　次ページからは、実際に子どもとかかわるときの「子どもの気持ちを言語化する方法」について、ワークを通してお伝えします。

Verset

5

保育者の
感情表現力を高める

プラス・マイナス両方の語彙を増やす

　子どもの気持ちを言語化するために一番重要になるのが、保育者のもつ言葉の数です。

　「怒りが誘発される仕組み」（32頁）で、「心の感情タンクにはどんな気持ちがあるのかな。どう受け止めると楽になるかな。どんなふうに言葉にしてあげられるかな」と考えてみてください、「子どもがわかってほしい気持ち」を、とにかく言葉にしてあげてくださいと伝えました。でも、気持ちを表現する言葉を知らなければ、「子どもがわかってほしい気持ち」にピッタリの言葉を見つけてあげることはできません。

　アンガーマネジメントでは「マイナスな気持ち」を表す言葉の数を増やすことは不可欠です。ただ、保育において「子どもがわかってほしい気持ち」は「マイナスな気持ち」ばかりではありません。保育者としては、日々の保育の中で「嬉しい」「楽しい」「気持ちいい」「好き」など、子どもたちが「プラスな気持ち」を感じられる経験をさせてあげたいですよね。「プラスな気持ち」に共感することも、子どもとの信頼関係を築く大切な要素です。

　子どもの「心の感情タンク」に入っている「マイナスな気持ち」「プラスな気持ち」のどちらにも寄り添い、言葉にして共感することで、子どもの情緒が育まれていきます。

　子どもに声をかけるときの6つのステップは20頁でお伝えしました。これは、

「マイナスな気持ち」だけでなく、「心の感情タンク」に入っているどの感情に寄り添うときにも使えます。そのステップに沿って共感していくために、当てはまる気持ちの語彙を増やさなければなりません。

　ここでは、保育者自身の感情を表す言葉の語彙を増やすワークをしてみましょう。下の3つの枠に、それぞれ書かれた感情を表す言葉を、知っている限り挙げてください。

プラスなイメージの感情を表す言葉

マイナスなイメージの感情を表す言葉

その他の感情を表す言葉

Verset

6

気持ちを言語化する効果

感情のコントロール力を上げる

前頁のそれぞれの感情を表す言葉を、どれくらい書き出せましたか。これらの言葉が多ければ多いほど、感情の幅は広がります。

感情の幅を広げる効果は「感情のコントロールが上手にできるようになる」ことです。相手に自分の今の気持ちを伝えることができれば、怒る必要がなくなります。だからこそ、子どもにも感情を表す言葉をたくさん学んでほしいと思います。そのために、まず保育者が感情の幅を広げ、子どもと「気持ちコミュニケーション」をとる場面を意識的につくってください。

日常会話や集いの場、設定保育の場面で、「こんなところにダンゴ虫が隠れているよ。びっくりだね」「今日は、太陽君が風邪でお休みだよ。心配だね」「みんなが静かに話を聞いてくれて、先生は嬉しいよ」「牛乳をこぼしそうになって、あせっちゃった」など、保育者が「気持ちコミュニケーション」をとることで、自然に子どもは感情表現の言葉を覚えます。「感情＝言葉」を知ることで、子どもが自ら表現できるようになっていきます。

気持ちコミュニケーション＋意識づけコミュニケーション

そして大切なのは、それを意識づけして定着させることです。子どもが自ら表現している場面を見逃さず、すぐに共感しましょう。「元紀君は、思いどおりに絵がかけて大満足なんだね」「真二君はお腹が痛くてしんどいんだね」と、気

持ちを繰り返して共感します。さらに、「自分の気持ちを言葉で伝えられたね」と、言語化できたことにも注目します。

「気持ちコミュニケーション＋意識づけコミュニケーション」を繰り返し続けていくことは、日常的な感情コントロールの技術として定着していきます。さらには、保育の目指す「情緒豊かな子どもの心を育む」ことにつながっていくでしょう。

> **プラスなイメージの感情を表す言葉**
>
> 嬉しい・楽しい・好き・感謝・満足・幸せ・おいしい・愛しい・恋しい・安心・期待・勇気・喜び・爽快・自信・意欲・快い・かわいい・美しい・きれい

> **マイナスなイメージの感情を表す言葉**
>
> 怖い・悲しい・苦しい・痛い・嫌い・恨み・妬み・恥ずかしい・悩み・困り感・残念・気持ち悪い・不安・後悔・つらい・戸惑い・情けない・嘆き・かわいそう

> **その他の感情を表す言葉**
>
> 驚き・あせり・緊張・諦め・切ない・じれったい・あきれる・慌てる・空腹感・すっきり・和む・落ち着く・懐かしい・憧れ

Verset

7

事例を使って考える
［気持ちコミュニケーションのワーク❶］

ここでは、第1次感情を見つける練習をします。

> **場　面**　絵が苦手な渉君。お絵かきの時間に、手で隠しながら描いている。それを
> 見た美穂ちゃんが「見せて」と、隠している手を振り払った。怒った渉君が、
> 美穂ちゃんを押し倒してしまった。

渉君の第1次感情を考えてみましょう

美穂ちゃんの第1次感情を考えてみましょう

気持ちの橋渡し

　渉君の感情は、絵が苦手、下手だから恥ずかしい、見られることが恥ずかしい、下手と言われることへの不安、手を払いのけられたことへの不満などが考えられます。美穂ちゃんの感情は、隠している絵に対する興味や好奇心があり、その後、押し倒されたことへの恐怖、驚き、悲しさ、などが考えられます。

　このように、考えられるすべての第1次感情をリストアップします。そして、2人の気持ちにピッタリな第1次感情を「渉君はこんな気持ち、美穂ちゃんはこんな気持ち」とそれぞれ言語化して橋渡しをしてあげましょう。これが、自分の気持ちに気づくこと、相手の気持ちに気づくことにつながります。気持ちの橋渡しをすることで、一方通行になりがちなそれぞれの主張を無理なくつなげることができます。

　自己受容や他者受容は、それぞれの第1次感情に気づくことができなければ上手になりません。自分の気持ちを大切にしてもらった経験が自己受容につながり、相手を思いやる気持ちが育まれ、他者受容ができるようになるからです。

　保育者が子どもの気づきをうながすためにも、この気持ちの橋渡しはとても重要です。気持ちの橋渡しが日常的に行われれば、子どものトラブルは減っていきます。どんな気持ちも大切な気持ちであることを伝え続け、保育者がモデルになることで、子どもたちは次第に自分たちで気持ちの橋渡しができるようになるでしょう。この橋渡しが「気持ちコミュニケーション＋意識づけコミュニケーション」へとつながっていきます。

　意識づけコミュニケーションとは、「自分の第1次感情と相手の第1次感情を理解し、意識しながらコミュニケーションをとること」だと考えています。意識づけには時間がかかることかもしれませんが、気持ちコミュニケーションがうまくいっているときにはそのつど声をかけ、子どもたちが「あ、今うまくいったな」と実感できるようにしていきましょう。

　定着すれば、保育者は子どもが困っているときだけ手伝ってあげればいいという環境が整えられるはずです。

Verset

8

事例を使って考える
［気持ちコミュニケーションのワーク❷］

　次に、渉君と美穂ちゃんの第1次感情を「声をかけるときの6つのステップ」に入れて整理します。

気持ちを伝える＋リクエスト

　図のように、子どもが怒っているときの裏側に隠れた気持ち「第1次感情」が上手に伝えられるようになると、「気持ちを伝える＋リクエスト」の図式に当てはめることができます。この図式のよいところは、「欲求」を上手に伝えられる点です。これを使わずに欲求を伝えようとすると「なんで○○してくれないの！」「○○してって、言ってるでしょ」など、相手を責める言い方になりがちです。この言い方では、欲求は満たされるどころか険悪なムードになってしまうこともあるでしょう。ましてや、欲求が満たされないことを、「あいつのせいで」と誰かのせいにしてみたり、「どうせ自分なんて」と自分を卑下することはもっての外です。これでは、よい方向には進みません。

　ここで、6つのステップを踏みながら声かけを進めていくことで「気持ちを伝える＋リクエスト」につながります。6つのステップを一通り行い、最後に子ども自身がステップ⑤＋ステップ⑥を言葉にする場面を作ることで、「気持ちコミュニケーション」の練習をすることができるのです。

　「気持ちコミュニケーション」がうまくいっていないときこそチャンスです。子どもは、上手になるための練習が多ければ多いほど、上達していきます。いっきにできるようになると思わなくていいです。一つひとつの感情を、ゆっくりとていねいに子どもたちに伝えてください。

❶ ありのままの事実

押しちゃったね
美穂ちゃん、大丈夫かな

❷ 渉君の第1次感情

- → 「見せて」と言われて嫌だった
- → 手を払いのけられて、びっくりした
- → 見られて恥ずかしかった
- → 押してしまって悪かった

❸ 美穂ちゃんの第1次感情

- → 隠しているから興味があった
- → 押されてびっくりした
- → 転んで痛かった
- → 渉君が怒っているので申し訳ない

❹ 寄り添い（橋渡し）

渉君は、見られると恥ずかしいから嫌だったんだね。
美穂ちゃんは、絵が見たかっただけなのに、押され
たからびっくりしたんだね

❺ 伝える方法

渉君のその気持ちを美穂ちゃんにどうやって伝えたらいいと思うかな？

- → 恥ずかしいから見てほしくなかった
- → 急に手を払われてびっくりした
- → 押してごめんね

❻ 渉君の解決方法

渉君は次からどんな風にしたらいいと
思うかな？

- → 「やめて」と言ってみる

❻ 美穂ちゃんの解決方法

美穂ちゃんは次からどんな風にしたらいいと
思うかな？

- → 「見せて」と言ってみる

「気持ちコミュニケーション（渉君）」

僕は、絵を見られると恥ずかしいから見てほしくなかった。だから、今度から無理やり見るのはやめ
てほしいんだ。でも、押しちゃってごめんね

「気持ちコミュニケーション（美穂ちゃん）」

私は、隠しているから見たいなと思った。渉君に押されてびっくりしたけど、見てほしくなかったの
に見ようとしてごめんね

Verset

9

自分の「今」の
気持ちを大切にする

自分の気持ちと向き合う

　ここまで、感情表現力を上げるための「気持ちコミュニケーション」についてお話ししました。保育者と子どもが一緒に取り組み、幼児期に「気持ちコミュニケーション」を身に付けておけば、子どもが将来的に人間関係に悩む回数はかなり減ってくるはずです。

　ただ、人との関係性の中で「気持ちを伝える＋リクエスト」の図式を上手に使えるようになったとしても、自分自身と「気持ちコミュニケーション」がとれるようになっていなければ、「怒りの種」は生み出されてしまいます。

　「体調が悪くてしんどさを感じている」「発表会のセリフを言う場面で緊張する」「トイレに行きたくてあせる」などは、自分自身の気持ちの調整が必要な場面です。もちろん最終的には「気持ちを伝える＋リクエスト」の公式を使って保育者に伝えることが理想ですが、そこに至るまでには、自分の気持ちと向き合う時間が必要です。「しんどい」「緊張」「あせる」などの気持ちも自分が感じる「今」の気持ちなので、それを受け止められる心を育てたいですね。受け止められれば、自分の意志で「しんどいけど頑張る」のか「しんどいから休む」のかを決めることができます。自分の気持ちを受け止め、次の行動を選択する決定権はその子がもっています。「今」の気持ちを大切にすることは、自分の気持ちと行動に責任をもつことにつながります。

気持ちタイムマシーンに注意

　子どもは「今」を生きています。特に乳幼児は、気持ちも身体も「今」を生きています。ところが、大人の階段を上り始めると、「気持ちタイムマシーン」が過去と現在と未来を行ったり来たりし始めます。体は「今」ここにあるのに、気持ちだけが過去にさかのぼって後悔したり、まだ見ぬ未来に不安を抱いたりするのです。

　「気持ちタイムマシーン」に乗ってしまうと、不必要な怒りやイライラを招き入れてしまいます。子どもたちには「今」の気持ちを大切にする習慣をつけておきましょう。箸の持ち方や服の着替えが上手になるように、意識せずとも自然に「今」の気持ちを大切にすることができるよう手立てをしていきましょう。

　子どもの話を聞いているふりをして、「次はあれをしなくっちゃ、その後はこれを終わらせないといけないな」など、「気持ちタイムマシーン」に乗って未来に飛んでいませんか。もちろん、見通しをもって保育をすることは必要ですが、子どもに向き合って気持ちを聴いているときには「今」に集中してみましょう。子どもの満足度はグッと上がり、保育者と子どもの気持ちの距離がグッと縮まるのを感じるはずです。

　「気持ちタイムマシーン」に乗らず、「今、どんな気持ちかな」「今、どうしたいのかな」と、折に触れ「今」に意識を向ける場面を作ると良いでしょう。

Work

フィーリングダイアリー
をつけよう

　アンガーマネジメントのテクニックに、「アンガーログ」と「ハッピーログ」というものがあります。

　「ログ」とは記録のことで、「アンガー（怒り）」と「ハッピー（幸せ）」の記録をつけながら長期的に取り組み、自分の感情の傾向を知ることができるテクニックです。本書では、保育者向けの記録を「フィーリングダイアリー」、子ども向けを「気持ち日記」といいます。記録をつけ続けることで、自分が「どの時間帯にアンガーなのか」「誰と、または何をしているとハッピーなのか」がわかります。感情の傾向がわかれば、アンガーに対する予防線を張ることができます。また、イライラしてきたらハッピーになれることを意識的にしてみることもできます。

　フィーリングダイアリーは、スマホのメモ機能を使ってもいいですし、自分にショートメールを送ってもいいです。また、日記アプリなどを使ってもいいでしょう。日本アンガーマネジメント協会「感情日記」の無料アプリもありますので、活用してもらえると嬉しいです。

フィーリングダイアリーのつけ方

- ●感じたことを感じた瞬間に記録する
- ●すべての項目を記入する必要はない
- ●分析しない
- ●感情の強さは必ず記録する
- ●1日に何度記録してもOK

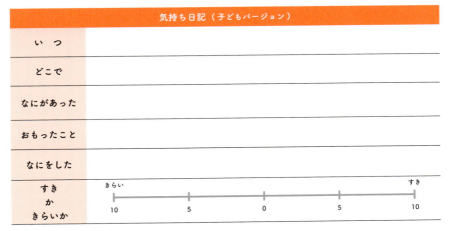

「気持ち日記」では、悪者探しをするのではなく、どんな場面でどんな気持ちになったかをシェアすることで、友だちの気持ちに寄り添ったり、感じ方の違いを知ったりする材料として活用していけるといいですね。保育者も、子どもの感じ方や考え方、トラブルの多い子どもや仲のいい子どもなど、気持ち日記をつけることで自分が見えていない子どもの姿が見えてくることもあるはずです。

うまく活用し、子どもの気持ちを言語化する場面づくりに活かしてください。

第 **3** 章

子どもが
自分の怒りを
コントロールするために

Verset

1

人生をよりよく生きるために

怒りに振り回される人の弊害

　怒りの感情をコントロールできずに失敗している人はたくさんいます。政治家やスポーツ選手、俳優、教師、経営者、さまざまな職業の人が怒りの感情に振り回されて失敗している世の中です。保育者においても、激怒することはないにせよ、怒りに近い感情によって保護者との関係が悪化してしまった経験がある人も多いのではないでしょうか。また、「怒りの性質」（6頁）で紹介したように、怒りが保育者から子どもへ、つまり強い立場から弱い立場へ流れたり、八つ当たりの形で子どもに対する過度な指導保育となり、それが発覚することで問題となるケースもあります。園に一人でもそんな保育者がいることで、現場の雰囲気は居心地が悪いものになってしまいます。保育に真摯に向き合い、子どもの成長を心から支援している保育者にとっては迷惑な話です。

　でも、怒りに振り回されている人が、その状態を「よし」と思っているわけではありません。本当は「このままじゃいけない」と思っているのです。

　「このままじゃいけない」と思っていても、現状を変えられないのは、その思いの強さが怒りの感情のエネルギーに負けているためかもしれません。もしくは「だって仕方ないでしょ」「自分ではどうすることもできない」と心のどこかで諦めてしまっているのかもしれません。

　怒りの感情は、他の感情に比べてエネルギーがとても強いです。ですから、自分の心に少しでも諦めの気持ちがあると、怒りのエネルギーに立ち向かうこと

はできません。「自分の怒りは自分でコントロールする」という強い意志をもって付き合っていかないと、そのエネルギーに振り回されてしまうのです。

「自分の怒りは自分でコントロールする」ことが当たり前にできるようになれば、怒りで失敗することはなくなります。

怒りに振り回されない強い心を養う

今後、アンガーマネジメントを知っている人が増えていくにもかかわらず、怒りで失敗する人が減らないとしたら、その原因は、単なる練習不足だといえるでしょう。

アンガーマネジメントは、心理トレーニングです。スポーツと同じように、練習することでうまくなるのがアンガーマネジメントです。長く続ければ続けるほど上手になると考えるなら、怒りに振り回されない強い心はアンガーマネジメントの上達とともに養われていくことでしょう。

怒りで人生を棒に振らないために、人生をよりよく生きるために、子どものうちからアンガーマネジメントを始めることは、より長くアンガーマネジメントの練習が積めるということです。人生をよりよく生きるための怒りのコントロール法であるアンガーマネジメントを身に付けておくことは、ストレスなく周りの人とコミュニケーションをとりながら生きていくために不可欠なトレーニングです。

Verset
2
怒りの感情を味方につける

他人とうまく付き合うために

アンガーマネジメントを身に付け、怒りの感情を味方につけることができると、エネルギーを温存し、本当に必要なときに最大のエネルギーを使って大切な何かを達成する力にすることができます。人生をよりよく生きるとは、自分が怒りの発信源にならず、周りの怒りの連鎖に巻き込まれず、自分が望む人間関係の中で心地よく過ごすことです。他人を傷つけず、自分を傷つけず、物を壊さず、後悔しない形で自分の感情を表現することができることです。最終目的である「人生をよりよく生きる」ためには、人とのかかわりなくしては成り立たず、人と上手に付き合う技術が必要になります。

人と上手に付き合うためには、自分の感情の赴くままに発言しているとうまくいきません。言っていいこと悪いこと、していいこといけないことを整理する間もなく衝動的に行動すると、怒りの感情はその瞬間、強敵に変貌してしまいます。そうなると、あれよあれよと怒りの渦に飲み込まれて身動きがとれず、後悔しきれない結果を生み出してしまいます。そんな恐ろしい目にあってはいけません。

衝動・思考・行動のコントロール

今、保育現場は保育者不足のために、過酷な労働条件の下で仕事をしなければいけません。待機児童が多いので、定員いっぱいの子どもがいるにもかかわ

らず、欠員状態での保育を強いられているところも多いようです。そのうえ、延長保育や土曜保育の希望も増えていることから、長時間勤務、変則勤務の体制でもあります。また、核家族、ひとり親家族、低所得、長時間勤務などさまざまな背景により、イライラしながら生活している保護者も増えています。いつどこで怒りの種が爆発してもおかしくない状態です。

でも、どんなに腹の立つことがあっても、自分の目的を達成するためには冷静に対応してください。たとえ誰かから理不尽な怒りをぶつけられることがあっても、目的を達成するために穏やかに対応しなければなりません。

自分で自分の怒りの感情をコントロールできれば、怒りで失敗することはなくなります。人生の成功者の人望が厚いのは、怒りの感情をコントロールできるからでしょう。周りの人が安心して付き合うことができるからです。無駄に怒ることがないので、本当に必要なときだけ怒ればいいし、怒ったときは「これは絶対に許せない」ことだと周りに伝わりやすくなります。

つまり、第1章の衝動のコントロール、思考のコントロール、行動のコントロールが、感情のコントロールに直結しているということです。一つひとつのコントロールを確実に踏み進めることで、怒りはコントロールできます。怒りの感情をコントロールできる人は、怒りの感情を自分の味方にして使うことができる人です。

Verset

3

幼児期に
アンガーマネジメントを学ぶ幸せ

保育意識の中に浸透させる

　幼児期から自分の怒りをコントロールする方法を学べるのは幸せなことだと思います。子どもは素直なので、教えられたことをそのままやってみようとします。ただ「アンガーマネジメントを教える」という姿勢ではなく、日常の保育の中で、さまざまなかかわりを通して「友だちと仲よくやっていく」「親と仲よくやっていく」ための方法を一緒に試していくととらえて取り組むといいでしょう。

　注意してほしいのは、「せっかく教えているのに」や「できないからダメ」としないことです。これでは、うまくいっていない現実が、保育者に新たな怒りを生んでしまいます。すぐにできなくてもかまいません。怒りにがんじがらめになっていて、アンガーマネジメントを知っていてもなかなか身につかない大人に比べると、子どものほうがずっと柔軟です。

　保育者やクラスの友だちと一緒に取り組んでいく中で、少しずつ身につくくらいでかまいません。そうして、日々の生活の中で身についたアンガーマネジメントの力は、次第に、アンガーマネジメントができて当たり前、自然のこととして子どもの気持ちコミュニケーションの技術になることでしょう。成長して思春期になったとき、つらい現実に出会ったとき、人生の転機がやってきたときに、自分を否定せず大切にして、落ち着いてよりよい選択ができる人生を手に入れられるはずです。

子どもが学ぶテクニック、保育者が学ぶテクニック

　本書では、子どもと一緒に取り組めるテクニックと、保育者自身が取り組んでいくテクニックを紹介しています。子どものアンガーマネジメントテクニックは、その場で簡単にできるものばかりです。子どもたちが身につけることの効果としてめざしているのは、衝動のコントロールです。子どもは素直なぶん、自分に入ってくる刺激（見たり、聞いたり、触られたりする刺激）に対してすぐに反応してしまいます。だから、衝動的に仕返ししてケンカになってしまうのです。衝動的に行動することでケンカに発展することを減らすために、取り組んでいきましょう。

　保育者自身が取り組むテクニックとしては、長く続けてもらいたいものを紹介しています。アンガーマネジメントを3日坊主で終わらせないために、日々意識しながらトレーニングしていくために、アンガーマネジメントを定着させることができるテクニックです。

　これらをうまく活用しながら、気持ちコミュニケーションの基盤となる幼児期にアンガーマネジメントを子どもたちに伝える役割をお願いしたいと思います。園を卒園した後もアンガーマネジメントを続けていく環境を作るために、保護者が家庭で実践する価値があるものだと認識してもらわなければなりません。意識的にクラスでの取り組みを紹介する機会を作るようにしましょう。

Verset 4

つらい思春期を迎えないために

思春期の特徴

　日本アンガーマネジメント協会では、キッズ向け（幼児〜小学6年生）プログラムがあり、ワークやゲームを通して、子どもが怒りをコントロールするために必要なスキルや意識を学ぶことができます。本プログラムは、感情を押し殺したり爆発させて人間関係を壊すなど、将来子どもがつらい状況に苦しまないために、できるだけ早い時期に怒りをコントロールする方法を学ばせたいという思いから考案されました。

　アンガーマネジメントを学べば、幼児期から大人になるまで心と身体を自分で守ることができます。特に役に立つのが、思春期です。思春期は子どもにとって変化、成長、葛藤の時期です。そんな思春期にさしかかったとき、子どもが怒りの種を爆発させてしまうと、親や先生、友だちとの関係が壊れてしまうこともあります。自分自身を傷つけることもあるかもしれません。その問題を未然に防ぐために、「思春期」にどういう特徴が現れるか考えてみます。

　男子と女子ともに共通しているのが、イライラしやすい状態が続くことです。子どもから大人へと成長する過程で、思春期はその中間的な時期になります。「自由にしたい」思いと「そういうわけにはいかない」という思いの葛藤がストレスとなり、心と身体のバランスがとれず、不安定になってしまいます。大人として扱われたり子どもとして扱われたりと、どっちつかずの状態が子どもたちのストレスとなるのでしょう。

　さらに、身体に変化が現れ、個人差により人と違う自分に対する羞恥心や嫌悪感を抱く子どももいるようです。男子は男性らしく、女子は女性らしく変化していく時期で、私たちも通ってきた成長過程です。

アンガーマネジメントが子どもたちを救う

　思春期はホルモンの関係でイライラするものですが、ほとんどの子どもが、そのイライラに対する向き合い方について教わっていないため、イライラが増幅し、他者にそのイライラをぶつけることで発散しようとします。

　このように自分の感情をうまく扱えない状態では、自分を落ち着かせることができず、周りを怒りの渦に巻き込んだ感情の吐き出し方になってしまいます。

　思春期に体験した「人とうまくいかない経験」は将来、人間関係を築いていくうえでトラウマになる可能性もあります。目の前のイライラした反抗的な子どもを見ていると、「どうして私の言うことが聞けないの」「何で反抗ばかりするの」と口に出したり、不満が積もると、子どもを罵倒したり、人格を否定する言葉を口にすることもあるでしょう。

　思春期の子どもはそんなもので、彼らもつらいんです。

　だからこそ、こうした気持ちを扱う方法や上手に伝える方法であるアンガーマネジメントを幼児期に身につけておくことが望ましいのです。

Verset
5

6秒ルール
［子どもと一緒に学ぶテクニック❶］

怒りに衝動的に反応しないために

　子どもは衝動的に行動することが多いですね。刺激に対してすぐに反応するのは、子どもらしさでもあります。ただ、怒りの感情についていえば、「腹の立つ出来事」という刺激に対して、衝動的に言い返したりやり返してしまうと、危険が伴う事態になりかねません。

　子どもは、相手を傷つける言葉を悪意なく言うことがあります。実際は、「事実と思い込みは別」かもしれないのに、その言葉に傷ついて衝動的に相手を攻撃すると、お互いにつらい思いをします。

　腹の立つ出来事に対して怒りを感じるのは、悪いことではありません。ただ、

その怒りに衝動的に反応せず、少し落ち着くことができたら、関係が悪化するのを防げるはずです。

　怒りの感情のピークは長くて6秒間です。6秒経てば落ち着きます。この6秒間をやり過ごすために、子どもと一緒に使ってほしいテクニックが「6秒ルール」です。

子どもと一緒に6秒数えよう！

1. 胸に手を当てて、目を閉じる

2. 口に出してゆっくり「1、2、3、〜6」と数える

3. 言いたいことを伝える

　保育者と一緒に行う場合、子どもの目の高さになり、両手をつなぎ、口に出してゆっくり「1、2、3、〜6」と一緒に数えてもいいでしょう。6秒ルールは、すべての衝動をコントロールするテクニックに通じるものです。

Verset
6

呼吸リラクゼーション
［子どもと一緒に学ぶテクニック❷］

心を楽にする

　このテクニックも、衝動をコントロールするために使います。腹が立つと、体に力が入り、ゆったりした呼吸ができなくなります。我慢強い子どもやおとなしい子どもは外側に反応を出さず、自分の内側で反応しがちです。衝動的に息を止めたり、呼吸が浅くなってしまうことで、脳に酸素が届かなくなります。そのため、穏やかな気持ちになりにくい状態が続いてしまいます。

　怒りを我慢して溜めすぎる子どもは、こぶしを握り締め、地団駄を踏みながら「うーうー」とうなり声をあげる場面が見られたりします。怒りを溜め込み、常に体に力が入った状態が続くと、それがストレスとなり、新たな怒りを心に

呼び込んでしまうのです。子どもが腹の立つ出来事から解放され、気持ちをリセットするためにも、ゆったりと深呼吸して心を楽にする方法を伝えましょう。

子どもと一緒に深呼吸しよう！

1. 胸の前で手を交差する準備

2. 鼻からゆっくり息を吸いながら、両手をしっかりと広げる

3. 口からゆっくり息を吐きながら、胸の前で手を交差する

　1〜3を3回繰り返しましょう。手を広げたり閉じたりするとストレッチ効果も上がり、体の力が抜けてリラックスできます。いつでもどこでもできるので、習慣づけていきましょう。

Verset

7

コーピングマントラ
［子どもと一緒に学ぶテクニック❸］

外部の刺激で気持ちを切り替える

　このテクニックも、衝動をコントロールするために使います。
　子どもは、大人のように腹の立つことを根にもってイライラし続けることはありません。子どもは気持ちを切り替える天才です。例えば、保育者に叱られた直後でも、「おやつの時間よ」「一緒に遊ぼう」と言われるなど外からの刺激が入ると、「わーい」と嬉しそうな表情をすることはありませんか。これは新しい刺激が入ることで、気持ちを切り替えることができるのです。その子どもらしさをうまく活用しましょう。
　コーピングマントラとは、魔法の呪文ともいわれます。簡単にいうと、自分

を落ち着かせるためのほっこり言葉です。「笑って！　笑って！」「OK！　OK！」や大好きな人、食べ物、キャラクターの名前など、言葉は何でもかまいません。子どもが自分で決めたほっこり言葉を発表し合ったり、クラス共通のほっこり言葉を考えてもいいですね。

子どもとほっこり言葉を唱えよう！

1. ほっこり言葉を考えて発表する

2. 腹が立つとき、ほっこり言葉を唱えるよううながしていく

3. 子ども同士で、ほっこり言葉を言い合える環境をつくる

　設定保育の場でほっこり言葉を発表したり、クラス共通のほっこり言葉を考えるといいですね。また、子ども同士でほっこり言葉を使っている場面を見かけたときは、声をかけて認めるようにしましょう。帰りの集いで、ほっこり言葉を使えた子どもに感想を聞いてみるのもいいでしょう。

Verset 8

グラウンディング
［子どもと一緒に学ぶテクニック❹］

目の前のモノに集中する

　怒ったきっかけはたいしたことでなくても、頭であれこれと考えているうちに、怒りがどんどん大きくなることはありませんか。私たちが怒っているとき、さまざまな思考が頭の中をめぐっています。特に大人は「気持ちタイムマシーン」でさまざまな時間に移動し、さまざまな気持ちを現在に持ち込み、怒りの種(たね)を増やします。でも、過去の出来事や未来の不安まで背負う必要はありません。

　その点、子どもは「今」を生きています。今この瞬間の自分の気持ちに正直に生きています。つらいことがあると泣いて怒るし、悔しいことがあると地団

駄を踏んで怒ることだってあるでしょう。ただ残念なことに、行動として怒っていることを表現しても、気持ちコミュニケーションはうまくいきません。

グラウンディングを使って、目の前のモノに意識を集中させ、観察し、言葉にすることで、「怒り」が爆発することを防ぎます。

「見つめて、見つけて」話してみよう！

1. 「モノ」を置き、一定時間意識を集中させ、観察する練習をする

2. 実際に見つめて、見つけたことを話してみる

3. ふだんの保育の中で、集中して観察する時間をつくり、習慣となるようにする

　子どもは集中力が続かないため、無理強いはしないようにしましょう。テクニックの1つとして教えます。見つけたことや気づいたことを、ゲーム感覚で意識できる声かけをすると、取り組みやすいです。

Verset 9

ストップシンキング
［子どもと一緒に学ぶテクニック❺］

頭の中を真っ白にする

　無心になる、頭の中を真っ白にすることなど、実はとても難しいことです。無心になろうとするほど、頭の中は無心に対する邪心でいっぱいです。怒っているときも同じで「怒らないようにしなければ」と思うほど、イライラが増えてしまいます。

　そんなとき、頭の中に白い画用紙を広げてみましょう。他のことは考えず、白い画用紙のことだけを一生懸命考えます。そうすると「怒っていること」に意識を向けず、頭の中を真っ白にすることができるはずです。

　頭の中を真っ白にして、怒った出来事への意識をストップすることで、6秒

間反射せずにすむでしょう。

　子どもが怒っているとき、「落ち着いて」と声をかけることがあると思います。でも、怒りが高まっているとき、簡単に落ち着くことはできません。日ごろから練習しておけば、想像力が豊かな子どもは、ストップシンキングを使いこなすことができるようになります。

頭の中に白い画用紙を広げよう！

1. 子どもに「白い画用紙」を見せた後、同じものを自分の頭の中に思い浮かべて考えるようにうながす

2. 「できた」と感じた子どもの感想を聞く

3. イライラしている子どもを見かけたら、ストップシンキングをするよううながす

　具体的な「画用紙」を見せることで、イメージしやすくなります。なかなかうまくいかなければ、空を見上げて、頭の中を白い雲や青い空と同じ状態にするのもいいでしょう。

Verset

10

タイムアウト
［子どもと一緒に学ぶテクニック❻］

周囲への配慮を欠かさない

　子どもの怒りが高まってパニックになったり、今にも手が出そうになる場面で、間一髪仲裁に入ることがあるのではないでしょうか。そんなとき、保育者は子どもとゆっくり話す時間をもちます。その場を離れて一対一で向かい合い、子どもの言葉に耳を傾けるでしょう。

　この配慮に、あと1つつけ足してください。それは、ほかの子どもに対する配慮です。「今は落ち着いて話せないから、隣の部屋に行ってきます。あと5分したら帰ってくるね」など、その場を離れる理由と戻ってくる時間を伝えましょう。

そうすることで、ほかの子どもたちも保育者が戻ってくる時間まで、安心して待つことができます。話をする子どもにも、「5分したら先生は保育室に戻る」ことが伝わります。保育者がモデルになることで、子どもはタイムアウトの方法を学びます。

ちょっとリラックス！

1. タイムアウトは、気持ちをリセットするために行うので、席を外してリラックスするイメージを伝える

2. タイムアウトする理由と戻ってくる時間を伝える

3. タイムアウト中は、リラックスするためのストレッチや深呼吸をして、気持ちをリセットする

　約束した時間にリセットした状態で戻れるようにします。イライラを解消できていない場合には、改めてタイムアウトの時間を延ばすことを伝え、リラックスできる状態を作りましょう。子どもは気持ちの切り替えが早いので、少し待てばリセットできるはずです。

Verset 11

スケールテクニック
[子どもと一緒に学ぶテクニック❼]

自分の怒りをスケールにつける

　子どもの怒りがすぐに高まるのは、「イラッとしたらすぐにキレる」ためです。しかし、「イラッとする」と「キレる」は大きな違いです。ところが、イラついたらすぐにキレる子どもが増えています。怒りには幅があり、段階があることを知らないため、すぐキレてしまうのでしょう。

　そこで、自分がどんなことにイラッとして、どんなことにすごく腹を立てるのかを明確にするために、怒りメーターをつけます。青・黄・赤の3段階で考えます。青は「イライラするけど大丈夫」、黄は「腹が立つ」、赤は「とても腹が立つ」という3段階です。3色のペープサートにしてもよいでしょう。子どもが

イメージしやすいように、顔の表情を描き加えるのもおすすめです。
　子どもがどの色の怒りメーターを選んでも、最初は受け止めます。その後、少しでも青に近づけるための方法はあるかを考えていくといいでしょう。

怒りメーターをつけよう

1. 青・黄・赤のペープサートを作る
（表情を描き加えるのもおすすめ）

2. さまざまな状況で、3段階のどの怒りのレベルかを考える練習をする

3. なぜその色の怒りなのかという理由をいえるとよい

　帰りの集いで、「怒りメーター」をつけたことを話し合ってみましょう。メーターを青に近づけるために何ができるか、アイデアや使えそうなテクニックを出し合う時間をとることで、次に同じことが起こったときに、赤のレベルにならずにすむことも伝えましょう。

Verset

12

エクスターナライジング
[子どもと一緒に学ぶテクニック❽]

怒りを視覚化する

　怒りは感じることはあっても、形として見ることができません。私たちが怒りから解放されず、いつまでも手放すことができないのは、形がなく目に見えない感情だからかもしれません。エクスターナライジングは、そんな形のない怒りを視覚化するテクニックです。

　怒りはどんな形なのか、大きさや重さ、色、温度、肌触りなど、自分の思い描く怒りを、絵に描いたり文字にしたりしてみましょう。テーマは「自分の怒りの感情」です。どんな怒りの表出になっても否定しないでください。

　注意してほしいのは、単なるお絵描きにならないようにすることです。最終

目的は、怒りからの解放です。自分が表出した怒りをごみ箱に捨てたり、破り捨てたりすることで、爽快感を味わえるようにします。自分に絡みついている怒りのしがらみを払い落とすイメージを伝えていきましょう。怒りから解放された後の気持ちを聞いてみるのもいいですね。

怒りモンスターを手放そう！

1. 子どもがもつ怒りモンスターのイメージ（形や大きさ、重さ、色、温度、肌触りなど）を出し合う

2. コピー用紙などの薄い紙に怒りを描いた後、どんなイメージで描いたかを発表し合う

3. どんなふうに怒りを手放したいかを聞き、その方法で怒りを手放し、払い落とす

　設定保育で行ってみましょう。活動後、怒りモンスターを手放した後の気持ちを話し合う時間をとるといいでしょう。怒りっぽくなるときに、怒りモンスターを頭の中でイメージし、手放せるようになります。

Verset
13
ポジティブセルフトーク
[子どもと一緒に学ぶテクニック❾]

自分に応援メッセージを送る

　私は、年間の指導計画に「自己肯定感を高める」ことを保育目標に入れていました。自己肯定感とは、自分には価値があると信じ、自信をもって何事にも挑戦する強い心のことです。しかし、自己肯定感の高い子どもを育てようとしている保育者自身の自己肯定感が低いと、子どもの自己肯定感は高まりません。もし今の自分を否定し、ネガティブ思考にとらわれているなら、ポジティブセルフトークを試してみましょう。

　うまくいかないことを不安に感じたり、つらくなってストレスをかかえてしまいがちなとき、自分を元気づけたり勇気づける応援メッセージを自分に送っ

てみましょう。そうすることで、自分のよいところも悪いところも肯定し、前向きにとらえることができます。きっと、今のあなたをポジティブな思考に導き、怒りを誘発するマイナスな感情から解放してくれるでしょう。

応援メッセージを送ろう！

1. 自分を元気づけたり勇気づけるフレーズを考える

2. ネガティブな思考にとらわれそうになったら、自分に応援メッセージを送る

3. 最後に「ほらね、私には私のよさがある！」と言いましょう

　元気づけ、勇気づけのフレーズをたくさん見つけておきましょう。得意なものがないと悩む人は「子どもが大好き」「保育が好き」「製作が好き」「ピアノが好き」「歌が好き」「ダンスが好き」など、「好き」を意識したフレーズでもいいです。「優しい」「明るい」など、自分を褒めるフレーズがあれば、さらに元気が出ますね。自分のよさを自分が認めてあげましょう。

Verset
14

イメージリラクゼーション
[子どもと一緒に学ぶテクニック⑩]

心穏やかな実体験をイメージする

　強い怒りの感情にとらわれると、簡単にその怒りを手放せないことがあります。握りこぶしに力が入ったり、呼吸が浅くなったりと、身体をゆるめることが難しい状態が長く続くと、自分にも周りにも負担がかかってしまいます。

　そんなときに使えるのが、イメージリラクゼーションです。自分の頭の中にリラックスできる場面を描き、心穏やかな状態をイメージすることで、気持ちをリセットする方法です。

　このテクニックは意識的に行うため、どこでも使うことができます。イメージするポイントは、「自分の体験に基づく場面」です。実体験だからこそ、より

鮮明にイメージでき、リラックス効果が高まります。

　イメージリラクゼーションが習慣化すれば、怒りに発展する前に気持ちをリセットし、よりよい対応や柔軟な配慮が可能になります。

気持ちをリセットしよう！

1. 頭の中に実体験を描き上げ、一番お気に入りのイメージを決める

2. お気に入りの体験時の環境構成、気持ちを完璧に再現できるくらいまで細かく描き上げる

3. 強い怒りにとらわれたとき、一番のお気に入り体験を頭の中で再現する

　お気に入りの体験を完璧に再現し、気持ちをリラックスさせるためには、そのときの状態をできるだけ細かく思い出しておく必要があります。お気に入り体験ノートを用意し、五感で感じたすべての感覚とそのときの状況を詳しく描き上げる作業をしておきましょう。お気に入りの体験がたくさんあれば、気持ちをリセットしやすくなります。

Verset 15

サクセスログ
[保育に活かすテクニック❶]

できていることを見つける

　保育者の仕事に欠かせない事務仕事。特に個人記録は、一人ひとりの子どもの成長を記録する大切な仕事です。できなかったことができるようになった場面を見つけたとき、本当に嬉しくなりますね。でも、「あれはできていないな」と思うこともあります。個人記録には、できていることだけを記録するわけにはいきません。でも、どうせならば、子どものできていることを見つけられる目を養いたいものです。

　サクセスログは、成功体験を記録するテクニックです。自己肯定感を高める声かけをする際の補助的な記録にもなるでしょう。うまくいったことやできた

ことなど、些細なことでかまわないので、そのつど記録していきましょう。記録をつけようとすれば、物事をプラスにとらえる視点が身につきます。毎日、たくさんのことができている自分と子どもたちに気づき、今後の自信につなげることができます。

いいこと探しをしよう！

1. 自分や子どものいいことを探す

2. 探したことを記録する

3. 探したことを週末に見直し、自分（子ども）に伝える

　1日ごと、「今日は、真里ちゃん、明日は奨くん」と、順番に子どものいいこと探しをしてもいいでしょう。園内研修として、「気になる子ども」のサクセスログをつけてみるのも新しい発見になるかもしれません。自分にも子どもにもよい効果があるテクニックです。

Verset 16

ストレスログ
［保育に活かすテクニック❷］

ストレスを仕分ける

　毎日ストレスを抱えたままで保育をしていると、些細なことで怒りの感情が生まれてしまいます。自分にとってストレスになっていることを改善・解消するために使ってほしいのが、ストレスログです。

　「あの保護者がいなければ…」「もっとテキパキ掃除してくれればいいのに…」「事務仕事が多すぎて…」と、変わらない事柄に腹を立てていても、ストレスは解消しません。ストレスは誰かに解消してもらうのではなく、自分自身の考え方や行動を変えることで解消されます。ストレスログで客観的に物事をとらえ、仕分けし、行動を決めることで、ストレスをためずに保育することができます。

ストレス解消法を見つけよう!

1. ストレスを感じる事柄をA・B・C・Dの箱に仕分けする
    A. 自分にとって重要で、変えようと努力することで改善できる事柄
    B. 自分にとって重要だが、どんなに努力しても改善できない事柄
    C. 自分にとって重要でないが、変えようと思えば改善できる事柄
    D. 自分にとって重要ではなく、改善することもできない事柄

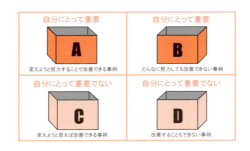

　ストレスログの効果は、ストレス解消法を見つけられることです。どの箱に仕分けをしてもかまいません。箱ごとにストレスを手放すために必要な行動をしましょう。ポイントは「改善できるか改善できないか」「重要か重要でないか」の2つの軸を基準に考えることです。

　AとBに注目しましょう。Aに仕分けた場合は、あらゆる努力で改善する方法を探し行動しましょう。期待値のハードルを下げてみる、言い方を変えてみる、時間帯を変えてみる、やり方を変えてみる、使うものを変えてみるなど、改善するために自分の考え方や行動を柔軟にします。どんなに努力しても変えられない場合は、Bに移動します。Bの箱は、重要だとしても改善できないので、その状態を受け入れるしかありません。受け入れつつ、これ以上ストレスが大きくならないよう、現実的な方法を考えます。期待はしない、必要最低限な場合しかかかわらないなど工夫して、ストレスを手放しましょう。

　ストレスを抱えたままでは怒りに発展します。ストレスを解消する方法として、「手放す」選択肢もあることを知っておくと楽になります。CとDは、重要ではないと考えている箱です。Cは改善できることなので、余力のあるときに取り組めばいいですし、Dなら、もう完全に手放してしまいましょう。このように2つの軸を基準に自分で仕分けることで、必要な行動が明確になります。

Verset

17

べきログ
[保育に活かすテクニック❸]

「べき」が多いと怒ることも多くなる

　人はそれぞれ自分の「べき」を基準に生活しています。「べき」はその人の価値観であり、大切にしている考え方です。保育でいえば、保育観ともいえるでしょう。その「べき」と異なる出来事が起こると「なんでそうなるの」「ありえない」と怒りを感じます。このとき、ほとんどの人が自分の基準になる「べき」が裏切られたから腹がたったことを意識できていません。「べき」をたくさんもっている人は、裏切られることが多いので、怒りを感じる回数が増えます。怒りの渦の中で保育を続けていると、自分も子どももつらくなるでしょう。怒りの渦から抜け出すためには、自分の「べき」を手放す努力が必要です。

自分の「べき」を書き出すことで、価値観や考え方を客観的に知ることができるのが、べきログです。べきログをつけることで、手放しやすい「べき」を探しやすくなります。

「べき」を手放そう！

1. 保育の仕事をするうえで大切な「べき」をすべて書き出す

2. 「絶対に大切」「大切」「まぁいいか」に仕分ける

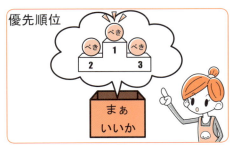

3. 「まぁいいか」に入れた「べき」について、優先順位（大切だと思う順番）をつける

　「まぁいいか」の中で順位が低い「べき」から手放しましょう。手放すとは、その出来事が起こったときに「まぁいいか」「怒る必要のないこと」と自分に言い聞かせ、怒らない努力をすることです。初めはストレスかもしれませんが、しばらくすると慣れてきます。保育に限らず、家庭や子育てにも使えます。園内研修で、職員同士の「べき」を確認するのもいいでしょう。

Verset 18

24時間アクトカーム
[保育に活かすテクニック④]

24時間「笑顔」を絶やさない

　怒っているとき、眉間にしわを寄せ、大きな声を出して、腕組みしたり手を腰に当てたりして「自分がどんなに怒っているか」を伝えようとしませんか。こうすると、落ち着くどころか怒りが増幅してしまいます。心（気持ち）と体は密接につながっています。24時間アクトカームでは、24時間穏やかに振る舞うことを徹底します。

　どんなに怒りを感じたとしても「笑顔」でいてください。「笑顔」でいる行動は、心（気持ち）にも影響します。無理やりでも「笑顔」でいると、心（気持ち）の状態も「楽＞怒」に変わります。「つい怒ってしまう」ことを排除し、「笑顔」

で穏やかなかかわりをすると、子どもの反応が違ってくることに気づくはずです。24時間アクトカームで、穏やかな保育を体感してみましょう。

笑顔で「楽＞怒」にスイッチしよう！

1. 自分がイライラしそうな時間帯、出来事、相手について予想される状況を書き出す

2. 笑顔で過ごすために注意すべき言葉づかいや表情、行動を書き出す

3. 24時間後に感じたことを記録する

　「穏やかに」することが難しい場合は、その日の保育を笑顔で楽しむことを意識するといいでしょう。週に1度「24時間アクトカームデー」を決め、週の指導案に組み込んでおくと、意識しやすく継続的に記録できます。年長クラスになれば、保育者と子どもが一緒に取り組むこともできるでしょう。慣れてきたら、あえて忙しい日に設定してみるのもいいですね。

第 **4** 章

アンガーマネジメント

実践編①保育現場での使い方

Verset

1

子どもに
アンガーマネジメントを使う

目的意識をもたせる

　アンガーマネジメントを日々実践する保育者とのかかわりは、子どもにプラスの効果をもたらします。保育者の「感情を大切にしたかかわり方」をモデルにして、子どもが自分の気持ちに気づけるようになれば、自分のエネルギーを無駄な怒りに消費することはありません。「気持ちを伝える＋リクエスト」の公式が使えると、相手に自分の気持ちを理解してもらえたり、欲求がかなう確率が高まるためです。

　最初は保育者の仲立ちが必要かもしれませんが、次第に保育者のかかわりやサポートがなくても自分の感情をコントロールできるようになります。

　日本アンガーマネジメント協会では、アンガーマネジメントキッズワークブックを使って、幼児（4、5歳）から小学6年生までの子どもにアンガーマネジメントを教えています。

　4、5歳くらいの子どもであれば、自分で意識して取り組むことができます。「アンガーマネジメント」という言葉を理解することが難しければ、「友だちと仲よくするための方法」「気持ちいい仲間づくりをするための方法」などと伝え、子どもが目的意識をもって取り組めるようにしましょう。実践しやすいテクニックは週案の計画などに入れて、継続的に取り組むことで身に付けやすくなります。トレーニングを続ける様子をクラスボードやクラスだよりで紹介すれば、保護者の関心も高まり、クラスだけでなく家庭も巻き込んだ形でアンガーマネジ

メントが浸透していくはずです。

　最初は小さな一歩かもしれませんが、この取り組みが保育者の信頼を高め、ひいては園全体の信頼を高めることにつながるでしょう。

乳幼児への工夫

　それでは、乳児〜3歳児クラスの担当はどのように取り組んでいけばよいのでしょうか。

　0〜3歳だと目的意識をもって自主的に取り組むのは難しいかもしれません。理解できるようならば「友だちと仲よくするための方法」と伝えるくらいにとどめましょう。目的や方法など細かい説明はせず、まずは日常的に使えるテクニックを一緒に試してください。気持ちの切り替えができたり、怒らずに気持ちを伝えられたりすれば、そのつど、うまくできたことに気づける声かけをしていきます。

　乳児にとって、小さな達成感や満足感の積み重ねは、アンガーマネジメントを自然に身に付ける土台になります。乳児にとって、達成感や満足感は保育者のかかわりなくして感じることはできません。ですから、保育者が見つけたたくさんの気づきを子どもたちに伝えていきましょう。そのかかわりが肥やしとなり、4、5歳児クラスになったとき、自身の感情のコントロール技術の向上を後押しすることになるのです。

Verset 2

6秒ルールの活用法

ポイント 「一緒に6秒ルール」→「一人で6秒ルール」
で無理なく身につける！

　6秒は、アンガーマネジメントの基本となる尺度です。怒りに対して反射しないために待つ時間は6秒間でしたね。子どもは衝動性が高いので、刺激に対してすぐに反応しがちです。だからこそ、6秒ルールを最初に教えましょう。慣れるまでは、保育者が一緒に行ってください。

　まずは子どもの目線の高さに自分の目線を合わせます。そして両手をつなぎ、口に出してゆっくりと「1、2、3、4、5、6」と子どもと一緒に数えます。初めは声に出してかまいません。慣れてきたら、心の中で数えるよううながしましょう。

　「一緒に6秒ルール」が身についてきたら、イライラした時に「一人で6秒ルール」にチャレンジするよう伝えていきます。ステップ3「言いたいことを伝える」ときには「気持ちを伝える＋リクエスト」の公式を使えるよう、保育者がサポートしてください。

　具体的な例をもとに考えてみましょう。

嫌なことがあるとすぐに手を出す

　ドッジボールで遊んでいるとき、康太君が投げたボールが俊君の顔に当たってしまいました。「痛い！」と言って、康太君に走り寄って叩こうとしている俊君に対して、「6秒ルール」を使って衝動のコントロールをうながす場合、どのように声をかけますか。

　まずは、衝動的に叩こうとしている俊君の行動は制止しなければなりません。俊君か康太君のどちらかを抱きしめるか、2人の間に入るなどして、叩くことを阻止します。

保育者　俊君、叩きたい気持ちはわかるけど、先生と一緒に6秒ルールをやってみようよ。先生と手をつなごうね（ステップ1）。

保育者　一緒に6秒数えよう。1、2、3、4、5、6（ステップ2）。

保育者　落ち着くことができたね。ボールをぶつけられてどんな気持ちだった？

俊　君　痛かった。

保育者　俊君は痛かったのね。康太君にどうしてほしいと思っているの。

俊　君　顔に当てないでほしい。当てたらすぐに謝ってほしい（ステップ3）。

保育者　顔に当てないでほしいし、当てたらすぐに謝ってほしいと思っているのね。康太君、話を聞いてどうかな。

康太君　俊君、ごめんね。

保育者　仲直りできてとっても嬉しいよ。今度怒りたくなったときも、6秒ルールを使うと、ケンカをしなくてすむかもしれないね。

Verset 3

呼吸リラクゼーションの活用法

ポイント　「グニャグニャ体揺らし」→「腹式呼吸」
で心も体もリラックス！

　乳児からできるテクニックです。呼吸リラクゼーションは、腹式呼吸で行うことで効果が高まります。腹式呼吸は肺を動かす筋肉である横隔膜を使った呼吸法で、肩や首、のどなどの余計な筋肉を使いません。さらに副交感神経が優位になるため、リラックス効果が高い呼吸法といわれます。乳児は胸筋が未発達なため、腹式呼吸を行っていることからも、呼吸リラクゼーションは取り組みやすいでしょう。

　怒りっぽい子どもは常に体に力が入っている状態なので、力を抜くために一緒にグニャグニャと体を揺らし、脱力できたところで呼吸リラクゼーションの練習を始めます。「両手を口に当てて、鼻から息を吸ってごらん」と声をかけ、ステップ2、ステップ3と続けます。3回ほど続けてゆっくり呼吸することで、リラックスした状態に戻ることができます。

　具体的な例をもとに考えてみましょう。

> **嫌なことがあってもじっと体に力を入れて我慢する**
> 　レールを長くつなげて、電車遊びをしている匠君。そこに勢いよく走ってきた桔平君が、レールにつまずいて壊してしまいました。「あ！」と何か言いかけたものの、何も言えずに手を握りしめてしかめ面をしている匠君に対して、「呼吸リラクゼーション」を使って衝動のコントロールを促す場合、どのように声をかけますか。

　衝動性はないので、匠君の第一次感情に寄り添い、体に触れながら「グニャグニャ体揺らし」をうながし、体の緊張をほぐします。

- **保育者**　レールが壊れて悲しかったね。我慢して体に力が入っているから、先生と一緒にグニャグニャ体揺らしをしてほぐそうね。
- **保育者**　次に呼吸リラクゼーションをしてみよう。胸の前に手を置いて準備するよ（ステップ1）。
- **保育者**　鼻からゆっくり息を吸いながら、両手を広げてみよう（ステップ2）。
- **保育者**　口からゆっくり息を吐きながら、元に戻るよ（ステップ3）。
- **保育者**　落ち着くことができたね。レールが壊れてどんな気持ちだったの。
- **匠　君**　一生懸命作ったのに、壊れて嫌だった。
- **保育者**　一生懸命作ったのに壊れて嫌だったね。桔平君にどうしてほしいの。
- **匠　君**　謝ってほしい。
- **保育者**　謝ってほしいと思っているんだね。桔平君、話を聞いてどうかな。
- **桔平君**　ごめんなさい。
- **保育者**　仲直りできてよかった。匠君、怒りたい時は我慢することないよ。呼吸リラクゼーションで落ち着くことができたら、自分の気持ちを上手に伝えられるからね。

Verset
4

コーピングマントラの活用法

ポイント 「マイほっこり言葉＋クラスほっこり言葉」
で心もほっこり！

　小学3年生の我が子が、道徳の授業で「ふわふわ言葉」と「ちくちく言葉」について勉強しています。「ふわふわ言葉」は気持ちがふわふわ嬉しくなるような言葉で、「ちくちく言葉」は心が傷ついてしまうような言葉です。コーピングマントラで「ほっこり言葉」を唱えるときも、「ふわふわ言葉」を言ってもらった時のように、気持ちがふわふわしたり、落ち着ける言葉にしたいものです。

　集まりの時間に「ほっこり言葉」を考えてみましょう。「人を傷つけない」「自分を傷つけない」という怒るときのルールを守って、「ふわふわ言葉」のように、唱えると自分が嬉しくなり、心がほっこりする言葉を考えられるようにします。たくさんのほっこり言葉を考えて自分の引き出しを増やし、クラスの共通ほっこり言葉を決めるなど、全体で活用するのもいいですね。

　具体的な例をもとに考えてみましょう。

集まりで「ほっこり言葉」を考える

　クラスで共通の「ほっこり言葉」を考えることにしました。子どもたちがアイデアを出し合い、「コーピングマントラ」を使って衝動のコントロールを促す場合、どのように声をかけますか。

　クラスのコーピングマントラが「ほっこり言葉」になるように、具体的なイメージがわく声かけや、保育者の「マイほっこり言葉」をヒントにして伝えてみます。子どもたちのアイデアが出たら、最終的に３つ程度に絞ります。

保育者　「ほっこり言葉」は、ふわふわ嬉しくなる気持ちの言葉だよ。先生の「ほっこり言葉」は「ニッコリニッコリ」です。みんなは、どんな言葉が「ほっこり言葉」になると思いますか（ステップ1）。

※子どものアイデアは、ホワイトボードなどに書き上げましょう。漏れなく書くことで、子どもは受け止めてもらえる安心感を得ます（ステップ2）。

保育者　たくさんアイデアが出たね。このなかからクラスの「ほっこり言葉」を３つ決めたいと思います。自分が一番いいと思った言葉を１つ選んで、手をあげてね。

※10個、5個と少しずつ数を減らし、最終的に3個程度に絞ります。

保育者　クラスのほっこり言葉が３つ決まりましたね。イライラしたときや怒りたくなったときは、マイほっこり言葉と合わせて、使いやすいほうを言ってみましょう（ステップ2）。

保育者　友だちが「ほっこり言葉」を使えていたら、帰りの会の時に教えてくださいね。みんなが使えるようになるのを楽しみにしているね（ステップ3）。

Verset 5

グラウンディングの活用法

ポイント ゲーム感覚で集中力を高めよう！

　4、5歳くらいの子どもが大好きな絵本のなかに、細かい場面設定で描かれている絵のなかから指定の人物や物を探す遊び絵本があります。その絵本を見ているときの子どもの集中力には驚かされます。保育者であれば、幼児の集中力を養うにはゲーム感覚を取り入れるのが効果的ということは察しがつきますね。

　グラウンディングのトレーニング方法として、ゲーム感覚の要素を用いて観察することを体験させます。例えば、ぬいぐるみを子どもの目の前に置いて「見つめて、見つけて」と声をかけて観察し、できるだけ多くの特徴を見つけてもらいます。見つけられたことをグループで話し合う場を設定することで、友だちの観察の仕方も参考になります。一定時間集中して観察できるようになったとき、怒っている自分を落ち着けるためのテクニックとして使えることを教えれば、すぐに実践できるはずです。

　具体的な例をもとに考えてみましょう。

設定保育で行う「見つめて、見つけて」グラウンディングゲーム

　子どもたちがゲームを楽しむ中で、集中力と観察力を高めていきたいと思っています。「グラウンディング」のスキルを高める基礎となる活動にするために、どのような声かけや配慮をしますか。

　グラウンディングをするための絵本や紙芝居を準備します。最初はシンプルな絵のページを選びます。子どもの集中力や観察力が上がってきたら、絵柄が細かいページに挑戦してみましょう。

　子どもが集中しやすいように、紙芝居を置く台を用意したり、その後ろに無地の布をかけるなどして、他の刺激が入りにくい環境を設定します。

- 保育者　今日はこの紙芝居のページを使って「見つめて、見つけて」ゲームをします。みんなは、このページに何が描かれてあるかじっと見つめてください。どんな小さなことも全部見つけてくださいね（ステップ1）。

※3分ほど待って、ページを閉じます。

- 保育者　何を見つけたか教えてください（ステップ2）。

※子どもが見つけたことをホワイトボードに記録し、発表を終えたら答え合わせをする。

- 保育者　意識を紙芝居に集中させて、たくさん見つけることができたね。イライラしたり怒っているときに「見つめて、見つけて」をしてみましょう。腹が立ったときは、何でもかまわないので、目の前にあるものに気持ちを集中させると落ち着くことができるよ（ステップ3）。

Verset 6

ストップシンキングの活用法

ポイント 怒りにストップ！
白画用紙で頭はクリア

　子どもはとても素直なので、心（気持ち）の状態が体（行動）に直結します。怒っているときは体を動かしていることが多いはずです。足で地団駄を踏んだり、大声を上げる子どももいれば、じっと我慢して歯を食いしばっている子どももいます。どんな場合でも、怒っているときはその子なりの気持ちを行動に表します。

　ストップシンキングは、怒りの状態に待ったをかけて、それ以上強くならないようにします。実際に「ストップ」と声をかけましょう。怒りに向いている意識をはさみで切るイメージです。その後「白い画用紙」を考えるようううながすことで、頭をクリアにします。最初は難しいかもしれませんが、うまくできた子どもにイメージの仕方を発表してもらうのもいいでしょう。

　具体的な例をもとに考えてみましょう。

設定保育で行う「ストップシンキング」のイメージトレーニング

　遊びを通して、「動」と「静」の切り替えを練習したいと思っています。「静」の状態を作り怒りに待ったをかけ、「ストップシンキング」のスキルを高める基礎となる活動にするために、どのような声かけや配慮をしますか。

　「動」と「静」の切り替えを練習します。ピアノに合わせて体を動かしたり、曲に合わせて体操する「動」の活動中に、「ストップ」と声をかけて「静」の状態を作ります。何度か繰り返して、「動」と「静」が切り替えられるようになれば、頭のなかに画用紙を広げる練習に移ります。

- **保育者**　ストップゲームをします。これから、みんなの好きな曲で体操をします。ルールは、途中で先生が「ストップ」と言ったら、すぐに止まって目を閉じること。曲が止まっている間は、目を閉じたまま動かないでね。曲が始まったら、体操していいよ。みんなはすぐに「ストップ」することができるかな。
- **保育者**　上手にできたね。今度は少し難しくなります。次は、「ストップ」して目を閉じたら、この白い画用紙を頭の中で思い出してください。他のことは考えず、白い画用紙のことだけを考えてね（ステップ1）。

※同じ曲で体操をする。

- **保育者**　うまくできたなと思う人は、どんな感じがしたか教えてください（ステップ2）。
- **保育者**　イライラしたり怒っているときは気持ちを切り替えて、頭の中に白い画用紙を広げると落ち着くよ。腹が立ったとき、今日やったように「ストップ」と自分に声をかけてみてね（ステップ3）。

Verset 7

タイムアウトの活用法

**約束を守ってリラックス！
その場を離れて気持ちのリセット**

　スポーツの試合では、相手チームに連続ポイントをとられたとき、タイムアウトをとって試合の流れを変えるきっかけづくりをすることがあります。それはほんのわずかな時間ですが、気持ちをリセットし、雰囲気を変えるには十分な効果があります。

　アンガーマネジメントのタイムアウトも、同じような目的で行います。子どもは、ほんの少しの環境の変化で気持ちが変わりやすいものです。タイムアウトを知っていれば、怒りを感じる状況にずっと身を置く必要がないことがわかるので、自分の心（気持ち）を守ることができます。タイムアウトのときは「理由と戻る時間を伝える」「リラックスするために行う」という約束を守ることを伝えましょう。

　子どもがいつでも目にすることができるように、タイムアウトの約束を紙に書いて貼っておくのもいいでしょう。

　具体的な例をもとに考えてみましょう。

嫌なことがあると大声を出す瑞希ちゃん

　お絵かきの最中、思いどおりに描けないことにイライラする瑞希ちゃん。周りの友だちが描き終えることにあせりを感じたようで「できない。うまく描けない」と大声を出し始めました。瑞希ちゃんに「タイムアウト」をうながす場合、どのように声をかけますか。

　描けないという不満を感じたままこの場にとどまっていても、イライラは募るばかりです。気持ちを切り替えるためにも、いったんその場を離れてリラックスさせてあげましょう。保育者が柔軟に対応することも必要です。

保育者　「お絵かきができない、うまく描けない」と思っているのね。少しイライラしているみたいだから、ちょっとリラックスするためにタイムアウトしよう。どこだったら少し落ち着けると思うかな。

瑞希ちゃん　絵本コーナーが好き（ステップ1）。

保育者　絵本コーナーだと落ち着けると思うのね。今のイライラをスッキリさせて帰ってこられるのは、いつ頃になるかな。

瑞希ちゃん　時計の長い針が6になったら帰る（ステップ2）。

保育者　好きな絵本を読んだり、背伸びやグニャグニャ体揺らし、深呼吸をするとスッキリするから試してみようね（ステップ3）。

Verset 8

スケールテクニックの活用法

ポイント 怒りメーターを青にチューニング！
対処法を意識しよう

　私たちはさまざまなものに尺度をつけることで、整理できたり対応することができます。ここでは、幼児がイメージしやすいように、数字ではなく色で置き換えてみます。それぞれの色のイメージを子どもと十分話し合い、共通認識しておきましょう。

　「出来事に対して、その怒りはどの色のレベルの怒りかを考える」ことや「各色の怒りを感じる出来事を考える」こともできるので、日常のトラブルや問題などを取り上げて、話し合いの場を設けるのもいいでしょう。さらに「怒りメーターを青に近づけるために、どんなことができるか」まで話し合っておくと、実際に腹が立つときの目安になり、対処法を意識できるようになります。

　具体的な例をもとに考えてみましょう。

設定保育で行う「スケールテクニック」のトレーニング

　日常生活の場で、怒りメーターを意識できる練習をしたいと思っています。子どもが怒りのレベルを自分で考えるための「スケールテクニック」のスキルを高め、怒りの強さは段階があることに気づけるようにするために、どのような声かけや配慮をしますか。

　ホワイトボードに各色の怒りの強度（青は「イライラするけど大丈夫」、黄は「腹が立つ」、赤は「とても腹が立つ」など）を書いておきます。月齢が低い場合には表情を描き加えるなど、子どもがイメージしやすい工夫が必要です。

- 保育者　青、黄、赤の3つの怒りメーターのペープサートがあります。このなかで「一番怒っている」「一番じゃないけど腹が立っている」「イライラするけど大丈夫」だと思う色を考えてみてね（ステップ1）。
- 保育者　（子どもの考えを受容した後）赤、黄、青の怒りの強さが決まりましたね。ここで質問です。「友だちにバカと言われた」とき、みんなは何色メーターになるかな（ステップ2）。
- 淳一君　赤！
- 保育者　淳一君は、どうして赤色メーターだと思うのかな（ステップ3）。
- 淳一君　バカって言われるのがすごく嫌だから。
- 保育者　なるほど。バカって言われるのがすごく嫌だから、一番怒っている赤色メーターを選んだんだね。じゃあ、怒っていることを相手に伝えるときは何て言ったらいいと思う？
- 淳一君　バカって言われたら嫌だ。
- 保育者　自分の気持ちを伝えられることはとてもいいことだよ。

Verset
9
エクスターナライジングの活用法

ポイント

怒りモンスターで怒りを表現！
ごみ箱ポイで怒りを手放そう

　エクスターナライジングは、想像力が豊かな子どもが使いやすいテクニックの1つです。子どものイメージを引き出す言葉かけを意識してください。怒りはどんな形なのか、大きさ、重さ、色、温度、肌触りなど、子どもの思いを言葉にすることでイメージも膨らみます。

　ここでは子どもたちがイメージしやすい「モンスター」という言葉を使っていますが、どんな表現でもかまいません。その表現が形になっていてもいなくても、批判や否定、批評をしないでください。大切なのは、子どもが感じる怒りの視覚化であり、それを手放す感覚を体験することです。子どもが、描いた紙を「破りたい」「捨てたい」という場合は、スッキリと怒りを手放せる方法を選んでかまいません。余裕があれば、手放した後の気持ちを聞き、成功体験の意識づけをするとより実践力が高まります。

　具体的な例をもとに考えてみましょう。

「エクスターナライジング」で怒りモンスターを手放そう

　怒りっぽい子が多く、トラブルが絶えない。怒りにとらわれず、おだやかな気持ちになれるよう「エクスターナライジング」で怒りを手放す方法を教える場合、どのような声かけや配慮をしますか。

　活動の前にグランドルールを決めておきます。「どんなイメージで描いてもいい」「友だちが描いた怒りモンスターの悪口を言わない」ことを伝えます。安心して表現できる環境を用意しましょう。

　完成後、作品をシェアする時間をとってもいいでしょう。

保育者　とても怒っているとき、みんなの怒りモンスターはどんな形や大きさをしているかな。重さや色、肌触りはどんな感じかな（出た意見をホワイトボードに記録する）**(ステップ1)**。

保育者　（子どもの考えを受容した後）自分の怒りモンスターを描いてみましょう。できたら、どんな怒りモンスターか発表してもらうね**(ステップ2)**。

学　君　赤くてトゲトゲで、触ると熱い怒りモンスター。

保育者　学君の怒りモンスターは、赤くてトゲトゲで、触ると熱いのね。そのモンスターをどうやったら手放せるかな**(ステップ3)**。

淳一君　ごみ箱に捨てる。

保育者　なるほど。ごみ箱に捨てたら、どんな気持ちになれそうかな。

淳一君　スッキリする。

保育者　怒りモンスターを手放せたら、きっとスッキリするよね。

第 **5** 章

アンガーマネジメント
実践編②年齢に応じた使い方

Verset 1

1歳児への使い方

> 午睡が苦手な雛ちゃん（1歳）。入眠に時間がかかり、眠りも浅くすぐに目が覚める。目が覚めると大泣きしてしまう。

　乳児の場合、言葉が未発達のため「泣く」行為で気持ちを伝えようとします。くすぶっているマイナスの感情を怒りの種に変えてしまわないよう、未然にできるかかわりとして、保育者が一人ひとりの子どもが感じている気持ちを大切な感情として受け止め、成長とともに子ども自身が自分の感情を大切にできるサポートをしていくことが必要です。

　この事例でのアンガーマネジメントの工夫は「体に刺激を与えること」です。

　保育者であれば、誰もがやっていることかもしれません。泣いている子どもの身体に「とんとん」とやさしく、リズムよく触れたりしませんか。このあやす行動にも、アンガーマネジメントとしての意味があります。泣いている子どもの心が乱れている状態に心地よい刺激を与えることで、心に安心感をもたらします。心地よい刺激を感じた子どもは、泣いたり怒ったりしている状態から意識がそれるため、一呼吸おくことができます。

　「大丈夫。とんとんとん！　落ち着いて」と、やさしくゆっくりと、リズムを整えて刺激を与えてみましょう。雛ちゃんが落ち着いてきたら、自分でやってみるよううながしてください。雛ちゃんが「刺激とんとん」ができるようになったら、気持ちが落ち着いている状態に気づかせてあげましょう。自分を落ち着かせる方法があることを小さなうちから意識できる声かけをする、その一つひとつの積み重ねが、雛ちゃんの今後の感情コントロールにプラスに働いてくれるでしょう。

最近、噛みつきが多い修君（1歳）。給食の後や排泄時など、バタバタして落ち着かない時間帯に噛みついている。

　1歳児に多くみられるのが噛みつきの行動です。皆さんも、子どもの噛みつきに悩まされることが多いのではないでしょうか。修君のように、保育者が手薄な食後や排泄時などに噛みつく子どもも多いですね。そんなとき、つい怒ってしまいがちですが、乳児期からアンガーマネジメントを浸透させるためには、衝動的に怒ってしまうのはNGです。噛みつくこと自体は悪いことなので、怒ることに問題はありませんが、衝動的に怒ってしまうと、冷静さに欠けた怒り方になる可能性があります。修君には修君なりの噛みつく理由があるはずです。そこを確認しておきましょう。

　この事例でのアンガーマネジメントの工夫は、「相手を観察する」ことです。

　修君の怒りの行動である噛みつきの行動に対処するには、修君を観察することが必要です。修君が、いつどこで、誰に対して、どのように噛みついているのかがわかれば、対処法が明確になります。たとえば、「時間帯や状況」を観察すれば、食後や排泄時など、バタバタする時間に不安を感じていることがわかるかもしれません。「場所」を観察すれば、手洗い場やトイレなど、狭い場所で友だちと密着することに不快を感じていることがわかるかもしれません。「相手」を観察することで、いつも特定の友だちに対して噛みついていることがわかるかもしれません。このように、本人を観察すれば必ず適切な対応法が見つかります。噛みつかなくても伝える方法があることを繰り返し伝えていきましょう。

Verset 2

2歳児への使い方

こだわりが強い奈央ちゃん（2歳）。登園時、お気に入りの服を着せてもらえなかったことで、大泣きしながら登園してきた。

好きな色やキャラクター、友だちなど、「自分の好み」が出始める2歳児。男の子は戦隊ヒーローに憧れ「かっこいい」に魅力を感じ、女の子は好みの服を選んだり、髪の毛を結んでもらったり「かわいい」が大好きな時期です。

2歳児なりの価値観があるので、「嫌だ」と主張することも増えてきます。私たちは、それを反抗期と呼んだりします。でも、2歳児にとっては反抗ではなく、自分自身を成長させるための自己主張をしているだけ。とらえ方によって、子どもがのびのび成長するかしないかは大きく変わります。

この事例でのアンガーマネジメントの工夫は「リフレーミング」です。反抗ととらえるか自己主張ととらえるかで、受け止め方は変わるように、物事をネガティブにとらえるかポジティブにとらえるかによって、生まれる感情は違ってきます。

お気に入りの服を着てこられなかった奈央ちゃんを「こだわりが強い」ととらえず、「大好きな服を着てきたかったのね」と受け止めることで、大泣きしている姿もかわいく見えてくるはずです。

「リフレーミング」した見方で子どもの行動を受け止めれば、子どもに対して柔軟に対応できるようになります。「そういう見方や考え方もある」と思えるようになれば、イライラせずに奈央ちゃんの気持ちに寄り添い、受け止めることができます。この時期に自分の気持ちを受け止めてもらう経験をすることは、自己肯定感を高めることにつながります。

> 活発に園庭を走り回って遊ぶみゆきちゃん（2歳）。自分の不注意で転んでしまうといつも「痛い」と騒ぎ、いつまでたっても泣き止まない。

　みゆきちゃんに限らず、2歳児頃の子どもはケガをしたとき、ばんそうこうを貼ると機嫌が直ることがありますね。穏やかに子どもとかかわることができていれば、目の前の子どもにどんな対応が一番適切かを判断できます。ところがこの事例のように、「みゆきちゃんがいつも泣き止まない」と決めつけた見方をすると、気持ちに寄り添った対応ができなくなります。ここでのアンガーマネジメントの工夫は「レッテル貼りをしない」です。

　怒りを引き起こす原因の1つに、「いつも」「絶対」などの決めつけた物の見方があります。「あの保護者は、絶対迎えが遅くなる」「園長先生はいつも私の保育を否定する」とレッテルを貼ればその保護者や園長先生に対して怒りがわきやすくなります。でも、「いつも」「絶対」は本当に100％事実でしょうか。

　みゆきちゃんが転んだときに泣き止まないことは、本当に「いつも」なのでしょうか。そう考えると、相手のよくないところを強調する見方や考え方は、信頼関係を築くうえで弊害になってしまいます。怒るとき、「いつも片づけられない」「絶対給食を残す」などは、普段からレッテルを貼った見方をしていると思わず出てしまう言葉です。無意識に言っていることはありませんか。こんなふうに言われた子どもは、「いつもじゃない」と反抗心を抱くでしょう。保育者に対する信頼感も失います。レッテルを貼られた子どもは自尊心を損ないます。

　どんな場面でも、目の前の子どもの姿をそのまま受け止め、今の気持ちに寄り添ったかかわりをするために、レッテル貼りは止めましょう。

Verset 3

3歳児への使い方

> 母親が出産し、お兄ちゃんになった健太君（3歳）。園庭の隅で、たくさん集めたダンゴムシを石で潰して遊んでいる。

　母親の第2子出産が多い3歳児期。健太君も、「お兄ちゃんになる」嬉しさと「お母さんをとられてしまう」不安から、情緒が安定しないのかもしれません。この時期の赤ちゃん返りは、自立を求められる状況に置かれたときに生じるようです。心の不安定さから、赤ちゃんのように振る舞い自分もかまってほしいという、子どもなりの精いっぱいの期待なのかもしれません。

　健太君の場合は虫を殺すという残酷な行動として現れています。ただ、健太君に限らず、この時期の子どもには、悪気なく虫を殺して遊ぶ行動がみられます。頭ごなしに叱るのではなく、命の大切さを知らせていくことも必要です。

　これらも踏まえ、この事例でのアンガーマネジメントの工夫は「事実と思い込みを分けて考える」です。

　もし「健太君は、ダンゴムシを平気で殺してしまう残酷な問題児」だと考えるならば、それは間違いです。事実は「健太君がダンゴムシを石で潰して遊んでいる」、「平気で殺してしまう残酷な問題児」は思い込みです。

　事実と思い込みを分けて考えることで、余計な怒りを生み出さずにすみます。ここでは、潰したダンゴムシの命の大切さを教え、お墓を作るなどして潰したことの責任をとるとともに、今、不安定な状態にある健太君の第1次感情に寄り添いましょう。保育者が心のよりどころになり、安心して過ごせる環境を作ることが重要です。自分を大切にしてくれる保育者とのかかわりは、健太君の心にプラスの感情を注ぐことになるでしょう。

> 友だちとけんかになると「ばか！」と言って怒る佳子ちゃん（3歳）。苦手な給食が出て食べたくないときも「ばか！」と言い、排泄に失敗したときも「ばか！」と言い、何でも「ばか！」と言って怒っている。

　発達の違いにより、言葉数が少ない子どももみられる3歳児。佳子ちゃんの場合も、「ばか」という言葉で気持ちを伝えようとしている様子がうかがえます。

　この事例でのアンガーマネジメントの工夫は「語彙を増やす」です。

　保育者であれば、佳子ちゃんが「ばか」という言葉にどんな気持ちを込めているかわかりますね。友だちとけんかをしたときには「悲しい」「くやしい」「ショック」、苦手な給食だったときには「嫌い」「困った」などが考えられます。そして、排泄に失敗したときはきっと、「恥ずかしい」「不安」などでしょうか。佳子ちゃんは、この心の中の気持ちを「ばか」という言葉で代弁したのでしょう。でも、これでは伝わりません。気持ちを伝えるためには「語彙を増やす」ことが必要です。「佳子ちゃんは、けんかをして悲しい気持ちなのかな」「給食が食べられなくて困っているのね」「おしっこがもれたのが恥ずかしかったね」など、保育者が気持ちを言葉に変換することで、佳子ちゃんは気持ちを表す言葉の語彙を増やすことができます。語彙を増やすことで、気持ちが伝わる経験ができ、その成功体験が怒りの種の増加を防ぎます。

　「語彙が少ない→気持ちが伝わらない→不満が募る→マイナスの感情が増える→怒りの種が生まれる」という怒りのサイクルから「語彙が増える→気持ちが伝わる→満足感を得る→プラスの感情が増える→穏やかに過ごす」という幸せのサイクルに変えていきましょう。語彙の獲得が1000を超えるこの時期に、気持ちを表す言葉を増やす役割を保育者が担いたいものですね。

Verset 4

4歳児への使い方

風邪が長引いて体調不良のため、大好きなプールに入れない佳見ちゃん（4歳）。ほかの遊びもあるのに、いっこうに遊ぼうとせず、靴箱の前で座っている。

　4歳児は、頭では自分が風邪をひいていることや今日はプールに入れないことをわかっていても、心（気持ち）の調整ができない年齢です。そのため、気持ちが切り替えられず、ほかの遊びに入りにくいようです。佳見ちゃんの気持ちもわかりますが、今日はプールに入れてあげることができません。

　この事例でのアンガーマネジメントの工夫は「未来志向」です。

　アンガーマネジメントは、変えられない過去の出来事に固執するのではなく、考え方や行動を変えることで自分が未来を変える未来志向です。風邪をひいてしまった過去やプールに入れない悲しい現状に目を向けていると、気持ちは切り替わりません。今よりもっといい未来を作るために、「何をすればプールに入るのと同じくらい楽しいことができるか」を考えることが大切です。

　さらに、早く風邪を治してプールに入るためにどうすればいいかなど、佳見ちゃん自身が未来志向で解決方法や行動の仕方を考えることは、今後感情コントロールをしていくうえでのトレーニングになります。未来志向で考えることができた内容を、クラスの集いでほかの子どもに知らせるのもいいですね。

　アンガーマネジメントをクラスに浸透させるためには、こうした日々の実践を共有する場を作ることが大切です。共有する時間が多ければ、そのぶん子どもたちはアンガーマネジメントについて考える時間が増えていきます。保育者が一つひとつていねいに受け止め認めていくことで、子どもの意欲は高まり、アンガーマネジメントが身につくでしょう。

午睡前にパジャマに着替えず、遊んでいた佐起子ちゃん（4歳）。午睡室に行く前の片づけも終わり、保育者が絵本を読み始めると、「待って、待って」と怒り始めてしまった。

　4歳児は、友だちとの関係も深まり、さかんにおしゃべりをする時期です。遊びに夢中になり、しなければならないことが二の次になることもあるのではないでしょうか。佐起子ちゃんも、着替えていないのが自分1人だと気がついたとき、驚いたのかもしれませんね。でも、佐起子ちゃん1人を待つために、ほかの子どもを待たすわけにもいきません。

　この事例でのアンガーマネジメントの工夫は「Iメッセージ」です。

　「Iメッセージ」は、気持ちコミュニケーションをとるときに大切なメッセージ法です。佐起子ちゃんに「Iメッセージ」で声をかけるとしたら、「先生は、絵本を読みながら佐起子ちゃんが来るのを待っているよ。読み終わるまでに来てくれると嬉しいな」と言います。「私（先生）は」を主語にしたメッセージです。

　ところが、「Iメッセージ」ではなく「Youメッセージ」で声をかけてしまうことがあります。例えば「佐起子ちゃんが着替えていなかったから間に合わないんでしょ」というように「あなた（佐起子ちゃん）が」を主語にしたメッセージです。確かにそのとおりですが、「Youメッセージ」は相手を責める言い方になってしまいます。

　母親や保育者の口癖をまねるのが得意なこの年齢の子どもに対して、保育者が普段から意識して「Iメッセージ」で語りかけることで、自然とそのメッセージ法を学んでいきます。「Iメッセージ」がうまくなれば、気持ちコミュニケーションのスキルも上がってくるでしょう。

Verset 5

5歳児への使い方

いつもは仲よく遊んでいるのに、今日に限ってケンカ中の2人。「知佐ちゃんと手をつなぎたくない。有加ちゃんとつなぎたい」と言って駄々をこねる由美ちゃん（5歳）。

　仲良しグループで活動をしたがる5歳児期。また、周りの状況を見て行動をコントロールし始めますが、まだ自己中心的です。いつもは仲良しの由美ちゃんと知佐ちゃんですが、プライドが邪魔して素直になれないのかもしれません。

　この事例でのアンガーマネジメントの工夫は「気持ちの橋渡し」です。

　由美ちゃんと知佐ちゃんの第1次感情を聞き、それぞれの気持ちを伝え合える場を作ります。保育者が仲立ちしてもかまいませんが、気持ちを伝え合った後は、自分たちで問題を解決するようバトンタッチです。5歳児の「自分たちで考える」力をつけるためにも、かかわりすぎないように見守ります。「気持ちの橋渡し」をしても、まだ知佐ちゃんとつなぎたくないのか、和解してつなぐのかは2人で決めることです。2人が出した答えを尊重しましょう。

　子どもの気持ちを大切にする保育は、必ず子どもに伝わります。保育者に気をつけてほしいのは、どちらの子どもにもその子なりの思いや考えがあることを見逃さないことです。一方に偏らないことが大切です。わがままにとらえがちな由美ちゃんの行動も、知佐ちゃんと手をつなぎたくなくなった経緯と気持ちがあることを受け止めることが、安心できる居場所づくりにつながります。

　自分の気持ちを大切にしてもらった子どもは、相手の気持ちを大切にできる子どもになります。5歳児になると、アンガーマネジメントが浸透していれば、保育者が仲立ちしなくても自分たちで問題を解決できるようになってくるでしょう。

アンガーマネジメントを率先して取り組む、真面目な愛子ちゃん（5歳）。ふざけている友だちを大声で注意して怒ったことを後悔して、落ち込んでいる。

　アンガーマネジメントを始めたばかりの頃は、どうしても我慢することが多くなります。怒ってはいけないわけではないものの、どう怒っていいかわからないため、怒らず我慢してしまいます。そして、限界を超えて我慢できずに怒ってしまったことを後悔して、自分を責めてしまうのです。しかし、怒りたいのを我慢して、怒りがさらに強くなるようでは本末転倒です。

　この事例でのアンガーマネジメントの工夫は「怒りっぽい自分を受け入れる」です。

　アンガーマネジメントはトレーニングなので、続けていけば徐々に身につきます。怒りっぽい自分も失敗してしまった自分も受け入れ、アンガーマネジメントを続けていけばいいのです。どんな自分もOKという自己受容ができる子どもほど、上達が早いでしょう。保育者もすぐに身につけられるものではありません。自分自身うまくいかなかったことを愛子ちゃんに伝えてあげると、安心できるかもしれません。

　集いで事例を取り上げ、クラス全体で伝え方を考えたり、どのテクニックを使えばイライラしなくてすむのか話し合う機会を作ってください。愛子ちゃんだけの問題ではなく、クラス全体の話し合いは、ほかの子どもの意識を高めます。

　日々アンガーマネジメントが当たり前な保育が実践できれば、「人を傷つけない」「自分を傷つけない」「物を壊さない」という3つのルールが自然と守られるようになるでしょう。

第**6**章

保護者に伝えたい
子どもが怒ったときの
対応

Verset

1

家庭の協力は
不可欠

家庭での過ごし方

　保育者がアンガーマネジメントを習得し、日々、保育の中で子どもと一緒にトレーニングを続けても、保護者の協力を得ることができなければ、子どもの感情教育の環境は完全とはいえません。

　本書を読み進めてきたあなたは、子どもが園の出来事を話すとき、子どもの気持ちに寄り添えるかが重要であることは理解していると思います。しかし、毎日忙しく仕事と子育てを両立している保護者の場合はどうでしょう？

子ども「お母さん、あのね。保育園でね、真美ちゃんとケンカしたの」

母　親「またケンカしたの？　ケンカばっかりしないで、仲よくしなさい」

子ども「でもね…」

母　親「わかったから、早くご飯食べてしまいなさい」

　たとえば家庭で、このような会話が行われていたら、子どもの心には「わかってもらえない切なさ・つらさ・淋しさ・虚しさ」というマイナスな感情が注ぎ込まれます。保育者との関係の中で、子どもが自分のマイナスな感情を言葉で伝える技術を身につけたとしても、それを受け止める家庭環境が整っていなければ、その感情は負の力を巨大化させて、子どもの心に返ってきます。毎日の家庭生活で、このマイナスな感情が積み重なり怒りの種を成長させると、いつかきっと大爆発します。

保護者が変われば子どもは幸せになる

ところが、このことに気づいていない保護者がとても多いのです。私は、保育園の保護者を対象とした講演会で「子育てに活かせるアンガーマネジメント」について話をすることがあります。講演後のアンケートでは「怒る基準を自分の都合で変えていることに気づきました」「怒ることがダメなのではなく、上手に表現するという言葉に驚きました」「今まで、怒りについてじっくり考えたことがありませんでした」「第1次感情に寄り添うということが心に響きました」という感想をたくさんいただきます。さらに「がんばってみる」「やってみようと思う」などの意気込みの気持ちもいただきます。

つまり、保護者も怒りが沸き起こる仕組みや「べき」という価値観、その気持ちの受け止め方、表現方法を知れば、改善しようとする意欲がもてるのです。今までは知らなかったからどうしようもできなかっただけという人がたくさんいるのです。

保育者は「ケンカしてつらかったね」「明日は仲直りできるといいね」そんな一言が言える親子関係を築くサポートとして、子育てに取り入れやすいアンガーマネジメントのテクニックを伝えていきましょう。そして、機会があるごとに怒りの性質や怒りが発生する仕組みについて伝えていきたいですね。園と家庭が協力して、アンガーマネジメントを習慣づけていくことが、子どもにとっての幸せであるといえるでしょう。

Verset
2

保護者に伝えるときのポイント

あらゆる機会を利用してアピールする

「子どものために」と意気込んで、保護者を責め立ててはいけません。「子どもの気持ちをちゃんと聞いてください」「子どもの感情教育が大切です」「園と協力してアンガーマネジメントを家庭に取り入れてください」などと強要すると、残念ながらその保護者との信頼関係は壊れてしまいます。

特に怒りながら子育てしている保護者は、罪悪感や引け目を感じていることが多いのです。現実から目を背け、「言われたくない」「かかわりたくない」という態度で壁を作ってしまいがちです。ですから保育者は、保護者の第1次感情に目を向け、信頼関係の構築から始めましょう。保育者と壁を作ろうとする保護者ほど、救いの手を必要としているのではないでしょうか。誰にも相談できないつらさや、1人で背負い込んでいるがんばりに寄り添い、ゆっくりと心の壁を取り除いてあげましょう。

また、クラスの取り組みとして始める第一歩は、クラスだよりや毎日のお知らせボードなどで、園でのアンガーマネジメントの取り組みについて保護者にお知らせすることです。園だよりで、アンガーマネジメントについて特集を組んでみるのもいいでしょう。また、クラスで起こった問題にアンガーマネジメントを使って解決できたエピソードなどを、そのつどお知らせしていきましょう。

アンガーマネジメントが活かされた子ども同士の会話を紹介するのもいいか

もしれませんね。

　園全体の取り組みとしてアンガーマネジメントを行っていることを、入園式などでアピールすることもいいでしょう。クラス懇談や保護者研修会でのワーク体験を通して、学びの場を提供するのも方法です。

心のデトックス効果を高める

　こうした方法を用いてもあまり興味を示さず、子どもとの関係が改善されない保護者に対しては、保護者の気持ちに寄り添うことを第一に考えましょう。「お母さんはがんばっている」「お母さんはよくやっている」ことを、あなたなりの言葉で伝えることから始めます。まずは、保護者のマイナスな感情を流すお手伝いです。保護者が自分の気持ちを言語化することの恥ずかしさや不安を取りのぞいてあげましょう。あなたが気持ちを聴いてあげることで、心のデトックス効果が高まります。

　こうして気持ちを聴いてもらうことによる安心感や安堵感を実感できたときに、保護者も子どもの心に寄り添ったかかわりができるようになるのです。あせらずゆっくりと、心のデトックスをサポートしてあげましょう。

　次頁からは保護者の対応について、実際に子どもが怒りそうなときにどうしたらいいのか紹介します。

Verset

3

子どもが怒りそうになったら
❶怒らなくても済む方法を探す

マイナスな感情の原因を突き止める

　アンガーマネジメントは、「我慢して怒らない」ことではなく、「怒る必要のあることには上手に怒る」「怒る必要のないことは怒らなくてすむ」「人を傷つけず、自分を傷つけず、物を壊さず、怒っていることを上手に表現する」ことです。つまり、怒らなくても済む方法は「我慢」ではありません。「我慢」で怒りに蓋をするのではなく、上手に「緩和」してコントロールします。

　ところが保護者は、子どもに「我慢しなさい」と言う場面が多いのではないでしょうか。もちろん、何でも自分の思いどおりになるわけではなく、生活の中で我慢しなければならないことはあります。しかし、怒りの感情をコントロールすることに関しては、我慢を強要するのは控えたほうがいいでしょう。

　その代わり「今、どんな気持ちなの」と聴きましょう。「なんで」「どうして」ではなく、怒っているのはどんなマイナスな感情が原因かを聴きます。そして気持ちを受け止め、「残念だったね」「悔しかったのね」と言ってあげましょう。

　息子が兄弟げんかをしたときのことです。「一緒に遊びたかったのに、つらかったね」と次男の気持ちを受け止めると、怒りが緩和されました。けんかの問題は解決していませんが、気持ちを受け止めてもらえる安心感を得て、心にマイナスな感情を注ぎ込まずにすむのです。

　ここでは、今にも怒り出しそうな子どもの心に目を向け、マイナスな第1次感情を受け止めた声かけを練習してみましょう。

ワーク：怒りの緩和アプローチ❶「寄り添いことば」

（例）一生懸命積み重ねていた積み木に手が当たって、壊れてしまった

手順

1. 子どものマイナスな第1次感情を考える
2. 気持ちに寄り添うセリフ（寄り添いことば）を考える

事実＋子どもの第１次感情＝寄り添いことば		
事実	子どもの第１次感情	寄り添いことば

3. 言葉にする

この手順で（例）について考えてみます。

事実＋子どもの第１次感情＝寄り添いことば		
事実	子どもの第１次感情	寄り添いことば
手が当たって積み木が壊れた	悲しい・残念・つらい	一生懸命積み重ねたのに、積み木が壊れて悲しいね。もう少しで完成だったのに残念だったね。お母さんも手伝うから一緒に作ろう。

Verset
4

子どもが怒りそうになったら
❷怒りを緩和する方法を選ぶ

自分で納得する方法を選ぶ

　自分で怒りを「緩和」する方法を選ぶことも重要です。大人がいつもそばにいて、寄り添いことばをかけてくれるとは限りません。ここでは自分で納得する方法を選ぶことについて教えていきます。5歳児クラスの子どもであれば理解できると思います。

❶　伝える：気持ちコミュニケーション「（相手に直接）気持ちを伝える＋リクエスト」→「上手に怒る」

❷　相談する：気持ちコミュニケーション「（別の誰かに）気持ちを伝える＋リクエスト」→「今は怒らない」

❸　手放す：「ま、いいか」と放っておく。相手にしない。→「怒らない」

　どれを選んでもかまいません。子ども自身が選んだ方法であれば納得できます。

　まず、よりよい選択ができるように衝動のコントロールで気持ちを落ち着かせます。次に大切なのは、「今、どんな気持ちなの」と心に問いかけることです。どれを選択しても、自分の気持ちに目と耳を傾けることができれば、「どうしたいのか、どうしてほしいのか」という欲求を考え、行動できます。

　ここでは、気持ちコミュニケーションの選択について、保護者が子どもに教えるための練習をしてもらいます。

ワーク：怒りの緩和アプローチ❷「気持ちコミュニケーション」

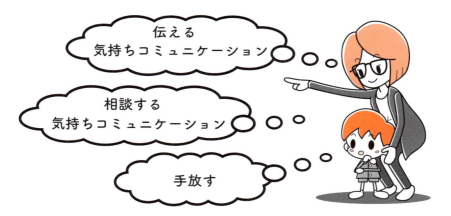

手順

1. 衝動のコントロールテクニックを選ぶ
2. 自分（子ども）の気持ちを考える（第1次感情）
3. どうしてほしいのか考える（欲求）

衝動のコントロール	子どもの第1次感情	欲求（リクエスト）	気持ちコミュニケーション	方法（❶❷❸）
子どもの第1次感情＋欲求（リクエスト）＝気持ちコミュニケーション					
6秒ルール（　） 呼吸リラクゼーション（　） コーピングマントラ（　）				

4. 方法を選ぶ（❶・❷・❸）
5. 行動（言葉）にする（❶・❷／手放す❸）

　一つひとつていねいに尋ねるように伝えます。第1次感情に気づけない場合、「寄り添いことば」をかけてヒントを与えるのもOKです。欲求（リクエスト）は「本当はどうしたかったの」「何をしてほしいの」と聞けばよいでしょう。最後に、声に出してみましょう。はじめは一緒に練習することで、次第に自分でコミュニケーション言葉を組立てられるようになります。あとは方法を選んで、伝える（❶）、相談する（❷）、手放す（❸）という行動に移します。

Verset
5

子どもが怒りそうになったら
❸気持ちコミュニケーションを使う

子どもの欲求にどうかかわるか

　ここでは事例を用いて、緩和アプローチ❷「気持ちコミュニケーション」（128頁参照）のパターンを考えます。

事例

　就寝前に歯磨きをしていた典子ちゃん。弟の和君がふざけて抱きついてきたので、典子ちゃんの手に水がかかってしまった。

子どもの第1次感情＋欲求（リクエスト）＝気持ちコミュニケーション				
衝動のコントロール	子どもの第1次感情	欲求（リクエスト）	気持ちコミュニケーション	方法
6秒ルール	水がかかって悲しい 濡れて気持ち悪い 濡れて困った	ふざけないでほしい 謝ってほしい 着がえたい	水がかかって悲しいの。急に抱きつかないでほしい。水がかかって気持ち悪い。謝ってほしい。濡れたままでは寝られないから困る。パジャマを着がえたい。	

　典子ちゃんは、6秒数えて気持ちを落ち着かせました。そして、自分の心に問いかけます。「私にだけかかって悲しい。水がかかって気持ち悪い。パジャマ

が濡れて困った」という気持ちだとわかりました。次に欲求を考えます。「うがいをしているときに、ふざけないでほしい。水をかけたら謝ってほしい」という欲求があります。

❶ 伝える：気持ちコミュニケーション「（相手に直接）気持ちを伝える＋リクエスト」を選んだ場合

「和君、私は水がかかって悲しいよ。今度から、うがいをしているときにはふざけないでね」

「和君、私は水がかかって気持ち悪いよ。水をかけたら謝ってほしい」

どの第1次感情、欲求を組み合わせてもかまいません。子どもが一番言いたいことを選べるようにします。

❷ 相談する：気持ちコミュニケーション「（母親に）気持ちを伝える＋リクエスト」を選んだ場合

「水をかけられて気持ちが悪い。パジャマが濡れたら寝られないから着がえたいよ」

相談された母親は、ていねいに対応してください。

「お母さん、水がかかって気持ち悪いよ。和君に謝ってほしいのに謝ってくれないよ」という訴えかけの場合もあるでしょう。自分で気持ちコミュニケーションをしても欲求が通らない場合、相談に来ることがあります。むげに扱わず、どうしたら和君に気持ちを伝えられるか一緒に考えてもらいましょう。典子ちゃんにも和君にも、それぞれの第1次感情があります。母親が仲立ちして、お互いが気持ちコミュニケーションできる場を作る工夫をすることが大切なことを伝えましょう。

❸ 手放す：「「ま、いいか」と思う。放っておく。相手にしない」を選んだ場合

「少しだから、大丈夫。パジャマも着替えればスッキリする」と考えて、典子ちゃんがイライラしない方法を選ぶことができたとしたら、上手に感情コントロールができたことをほめるようにしましょう。

怒りの緩和アプローチ「寄り添いことば」も「気持ちコミュニケーション」も、家庭で取り組んでいくことで、子どもの怒りが爆発する回数は減っていきます。保護者がこのアプローチを意識して生活することは、保護者自身も穏やかな人間関係を築くことにつながります。親子関係だけでなく、友だちや会社での関係を改善するための方法として伝えていきましょう。 ❌

Verset
6

子どもが怒ったらどうする？
❶「怒れば何とかなる」という誤解

納得できる解決策を見つける

　今後、子どもが怒っているときの対応法として、保護者にさまざまな情報を発信したとき「できるわけがない」という意見も出てくるでしょう。そんなときに伝えたいのが「怒りの誤解」です。

　保護者を対象としたアンガーマネジメントの講演会で、参加者に「怒ると疲れませんか」と尋ねると、ほとんどの方が大きくうなずきます。「怒ると疲れるのに、それでも怒るのですか」とさらに聞くと笑いが起こり、また大きくうなずきます。私も経験がありますが、自分が疲れることよりも、怒ることで子どもが言うことを聞くならそのほうがましだと思っているのです。

　「怒ればなんとかなる」という誤解は、保護者だけでなく保育者にもありませんか。たしかに、子どもは怒られると怖いので、言うことを聞きます。でも、その場では言うことを聞いても、次の行動が改善される確率はかなり低いでしょう。そして保護者は「何回言ったらわかるの」「なんでわからないの」と言い、怒りは繰り返し続きます。保護者と子どものこれから先の関係を考えると、幼児期のうちに怒りの誤解を解いておくことが賢明です。「怒れば何とかなる」という子育てをしていると、子どもも「怒れば何とかなる」と思って成長します。これでは、いつまでたってもその家族は怒りから解放されません。怒りのエネルギーで子どもをねじ伏せることではなく、お互いに納得できる解決策を見つけることが怒ることのゴールです。

怒り方には注意が必要

　怒りは自然に湧き起こるものなので、その感情自体によいも悪いもありません。保護者が「怒ることは悪いこと」という誤解をしないように注意しましょう。特に怒りが強い保護者の場合、保育者に反感を抱くかもしれません。ですから「怒りたい気持ちもわかります」と怒りの感情を否定せず、「怒る方法を変えていきましょう」と伝え、上手な表現方法にスイッチできるようなアドバイスを心がけます。「怒ってもいい」というキーワードは、保護者を安心させます。ただし、具体的な方法を交えて、「怒り方には注意が必要」であることも伝えてください。

　ここでは、「子どもの怒りに反射しない、子どもの怒りに伝染しない、子どもに怒りのコントロールを強制しない」ことを目標に、子どもが怒っているときの対応法として保護者にアンガーマネジメントを提案する方法について話します。子どものマイナスな怒りのエネルギーにうまく対応するために必要な3つの方法です。

　親子の場合「身近な対象ほど強くなる」「強いものから弱いものへ」「伝染する」傾向が強くなりがちです。怒っている子ども（火）にマイナスな感情（油）を注がないよう、子どもの気持ちに寄り添って対応するために必要な考え方（アンガーマネジメント）を、保護者が抵抗なく子育てに取り入れ、「やってみようかな」と思えるアドバイスをするためのヒントにしてください。

Verset 7

子どもが怒ったらどうする？
❷テクニックを使って一呼吸置く

衝動的な行動は厄介

　子どもがケンカをしたり、泣き叫んでいる場面を思い出してください。どんな気持ちですか。

　アンガーマネジメントを学ぶ前、私はこのような場面を見るたびにイライラしていたように思います。自分自身が余裕のないときに限って、「またケンカをしている」「いつまで泣いているの」と思ってしまうのです。そして、子どもの気持ちに寄り添うことができず、心の声をそのまま子どもにぶつけたこともありました。

　当時の私は、その対応が子どもをどれほど傷つけていたか気づいていませんでした。毎日子育てと仕事を両立している保護者のなかには、私と同じ対応をしている方も多いのではないでしょうか。

　私の何がいけなかったのか。それは、「衝動的に怒ってしまう」ことです。衝動的は厄介です。クラスの子どものなかに、衝動的な子どもはいませんか。衝動的な行動は、何かやってしまった後で、「あ、やってしまった」と気づきます。友だちを叩いてしまった子どもに「叩いてしまったのは、どうしてかな」と聞くと、「わからない」と答えることがあります。それは、衝動的に動いた自分の気持ちがわからないと考えると、納得がいくのではないでしょうか。

　子どもが怒っているとき、その怒りに反射すると親子間で感情が高まります。自分の気持ちが置き去りのまま衝動的に行動して、大声を出したり、物に当たっ

てしまうと、気持ちが整理されることなく第2次感情の「怒り」だけが大きくなります。まずは、いったん冷静になることを勧めましょう。

すぐに言い返さない、やり返さない

　衝動的な行動で怒りを大きくしないために必要なのが、テクニックを使って一呼吸置くことです。一呼吸置くことで、行動は必ず変わります。保護者に伝えたい1つ目のポイントは、「すぐに言い返さない、やり返さない」ことです。アンガーマネジメントには、衝動をコントロールするためのテクニックがたくさんあります。園だよりやクラスだよりを使って定期的に掲載するとよいでしょう。また、保育者自身が保育のなかで衝動のコントロールがうまくいったときの事例や、お気に入りのテクニックの紹介をするのも楽しいですね。失敗談を入れると、「先生も失敗することがあるんだな」という親近感や安心感にもつながります。

　そして何より、衝動をコントロールすることは、子どもの「キレる」行動の予防策であることも伝えましょう。子どもは親の背中を見て育ちます。親子でテクニックを使いながら一呼吸置くことを、家庭で習慣づけるといいでしょう。

テクニックを使って一呼吸置くと、親子で話をするための体制が作れます

お勧めテクニック	6秒ルール 呼吸リラクゼーション	出来事に反射せず一呼吸置くと、落ち着いて話すことができる。 アンガーマネジメントは、衝動のコントロールがスタート。

Verset
8

子どもが怒ったらどうする？
❸怒りに伝染しない

怒りの発信源にならない

　感情は伝染します。お笑い番組で芸人がコントをしているとき、ギャラリーの笑い声が聞こえることがあります。あれは、視聴者に楽しい気持ちが伝染するように仕込まれたものだと聞いたことがあります。「もらい泣き」もその例です。怒りの性質でも話しましたが、怒りも他の感情と同じように伝染します。そして私たちは、伝染した感情に無意識に共感し模倣します。楽しい気持ちや嬉しい気持ちが伝染するのはプラスの効果がありそうですが、怒りの伝染は困りものです。

　第1次感情が心にたくさん溜まっている保護者は、怒りの発信源になっているかもしれません。子どもがその怒りの影響を受け、自身が発信源になることもあるでしょう。その状態が続くと、家庭全体がイライラした空気になり、常にイライラすることで莫大なエネルギーを消耗することになります。

　保護者に伝えたい2つ目のポイントは、怒りに伝染しないことです。自分が発信源にならないことを大前提として、周りの怒りに伝染しないという意識をもつことです。漠然としたポイントなので、保護者に伝えるには工夫が必要です。衝動のコントロールで一呼吸置くことに加えて、怒りの耐性を上げる2つの方法を伝えてみましょう。1つ目は、イライラを自分に吸収しないためのブロック方法。2つ目は、気分転換のメニューを増やす方法です。どちらも、自分の意識のもち方を変えるだけで簡単にできるものです。

怒りの耐性を上げる2つの方法

1つ目は、子どもの怒りに伝染せずイライラを吸収しないために、自分の前に、どんな怒りも跳ね返す強靭なバリアを張ってブロックします。コーピングマントラで「バリア」と唱えるのもいいでしょう。

2つ目の「気分転換のメニューを考えておく」ことは、自分の心にゆとりを作ることです。心にマイナスな感情がいっぱいのときは、それらの感情を減らす気分転換を定期的に行うことで、心にプラスな感情を注ぎ込むことができます。

子育て真っ最中の保育者は保護者と同じ悩みも抱えているはずなので、気分転換の方法や、工夫などの実体験を紹介することで保護者も取り組みやすくなり、相談しやすい関係も作ることができます。子どもの怒りに潜んでいるマイナスな感情を見つけるには、怒りに伝染していると、心に目を向けられません。子どもが怒っているときこそ余裕をもち、客観的に子どもの心を見つめられるといいですね。

怒りに伝染しない穏やかな子育ては、親子の心にゆとりを生みます

お勧めテクニック	コーピングマントラ	コーピングマントラを唱えると、自分の意志で自分の意識をコントロールすることができる。衝動のコントロールテクニック。
	ポジティブセルフトーク イメージリラクゼーション	気分転換に使える。プラスのイメージを意識することで、マイナスからプラスへと穏やかな心の状態を作ることができる。

Verset
9

子どもが怒ったらどうする？
❹すぐに効果が出ると思わない

「長く細く」続ける

　アンガーマネジメントは心理トレーニングであることを、保護者にはたびた
び伝えてください。「アンガーマネジメントを知っている」だけでは上達しませ
ん。「知っている＝できる」ではないからです。例えば、「バラ」は誰でも知って
いますが、「バラ」を漢字ですぐに書ける人は少ないのではないでしょうか。「知っ
ている＝書ける」ではありませんが、書き方を練習すれば誰でも「薔薇」を書
けるようになります。アンガーマネジメントも同じです。保育者から発信され
た情報でアンガーマネジメントを知った保護者は、練習すればできるようにな
ります。あきらめずに続けることが大切です。

　練習すれば結果が伴うものです。しかし、どれだけ練習が必要か、またはそ
の結果を実感できる期間は人それぞれ違います。アンガーマネジメントでは、す
ぐに効果を期待してはいけません。「長く細く」でいいのです。

　子どもにも強制しないことが大切です。「こんなにがんばってアンガーマネジ
メントをしているのに、なぜあなたは変わらないの」と、子どもを責めないこ
とです。子どもが怒るたびに、テクニックを使って一呼吸置き、怒りに伝染さ
れず、コツコツと「長く細く」続けていれば、いつか効果を実感できる日が来
るはずです。

怒りに点数をつける

　この効果の指針となるのが、スケールテクニックです。親子でイラッと温度をつける習慣をお勧めしましょう。これは、腹が立つごとに点数をつけるテクニックです。子どもにもつけてもらうといいでしょう。怒りの温度がわかれば、保護者は強く怒りすぎることがなくなります。子どもも怒りの感情の幅が広がります。他のテクニックと併用しながら温度をつけ続けていくことで、徐々に温度が低くなってくれば、効果が出てきた証拠です。

　すぐに効果が出ないぶん、怒ってしまったり、テクニックを使えなかったり、失敗や後悔があるかもしれません。でも、うまくいったことが1つあれば、それに目を向けてOKを出しましょう。常に「実践しなければならない」だと、親子でストレスがかかり、マイナスな感情が溢れ出します。1つできればハナマルです。1つひとつのハナマルが積み重なって、長く細くつながって、「あれ？ 最近イライラしないぞ」と気づく日が来るのです。

　「昨日は怒ってしまったけど、今日はうまくいったよ」など、園と家庭がお互いにアンガーマネジメントの実践トークができる関係になれるといいですね。

「細く長く」がアンガーマネジメントを続ける秘訣です

お勧めテクニック	スケールテクニック	怒りに温度をつける習慣で、感情の幅が広がる。アンガーマネジメントの習得状況を確認できる。

Verset

10

子どもを怒るときの注意点
❶機嫌で怒り方を変えない

確認しないと行動できない子ども

　第1章で、怒りの境界線について話しました。これは、子どもに怒るときに注意したい1つ目のポイントです。

　同じ出来事に対して、「機嫌がいいときには怒らない。機嫌が悪いと怒る」のはNGだと気づいていない保護者が多いのではないでしょうか。親の機嫌が怒る基準になってしまうと、「お母さん、○○してもいい？」と確認しなければ行動できない子どもになります。無駄に怒られたくないから、母親に確認するのです。つまり、物事の善悪が、行動や事柄、出来事ではなく、母親の機嫌で判断されるからです。この話を講演会ですると、何人かの保護者は「うちの子どもがまさにそうです」と言います。怒ることが保護者のストレス発散の道具になってはいけません。

　保護者には、NGポイントだけではなく、今後どう叱ったらよいのかを伝えましょう。基準を「機嫌」から「明確」に変えてもらうのです。基準は明確で、具体的でなければなりません。例えば「ゲームは8時まで」ではなく、「ゲームは8時に電源を切って、箱に片づける」と伝えます。保護者は「8時には電源を切って箱に片づける」と思っていても、子どもは「8時までゲームをする」と思っているかもしれません。その時点で、2人の間にギャップが生まれます。

　さらに、母親の機嫌が悪い場合、「ゲームは8時までと言ったでしょ」とどなってしまうと、子どもは反発心しか抱きません。具体例を交えつつ上手に怒るに

は「怒りの境界線を明確に伝える」ほうがうまくいくことを伝えましょう。保護者のストレスを発散するためではなく、相手のためになるから怒っていることを忘れてはいけません。

ワーク1：機嫌で怒り方を変えない

保護者に「寝る時間」について考えてもらいましょう。機嫌で怒り方を変えないために、次の5つの方法で明確な基準を決めていきます。

❶「べき」を考える	子どもは何時までに寝る「べき」ですか。 （例）21時
❷「べき」の状態を決める	「寝る」とはどういう状態のことですか。 （例）布団に入った状態
❸譲歩できる条件を決める	譲歩できるのは何時までですか。 （例）21時30分
❹明確な基準を伝えるセリフを考える	「べき」、状態、譲歩できる条件を含めたⅠメッセージのセリフを考える。
❺言葉に出して言う	「寝る時間を守れなかった子ども」についてセリフを言ってみる。

「寝る時間」について、例のように基準を決めた後は、セリフを考えます。

「お母さんは、夜9時までには寝てほしい。だから、9時にはお布団に入ろうね。もし、9時30分になってもお布団に入っていなかったら、お母さんは怒るからね。約束を守ってくれると安心だし、あなたもぐっすり眠れるから、次の日は元気に起きられると思うよ」

このセリフであれば、「9時までには寝てほしい」「9時に布団に入った状態」「9時30分に寝ていなければ怒る」という基準が明確に伝わります。この3つのポイントが盛り込まれているかを確認し、実際にセリフを言ってみます。今後は、9時30分までは怒ってはいけません。怒るのは9時30分以降に起きているときだけでいいのです。機嫌で怒ることを止めれば、子どもには保護者の怒る基準が見えるようになるでしょう。

Verset

11

子どもを怒るときの注意点
❷関係のないことを持ち出さない

子どもの人格を尊重しながら一緒に考える

　2つ目のNGポイントは「過去」と「人格攻撃」です。アンガーマネジメントでは、物事を解決志向で考えます。解決志向とは、過去に起こった問題の原因に注目するのではなく、これからどう解決していくのかに重点を置きます。解決志向で怒るのならば、今怒っている出来事に、過去の関係ない出来事を上乗せしてはいけません。「あのときも言ったでしょ」「何度も言ってるでしょ」「この際だから言うけど」など、過去のことをついでに怒ってしまうと、今、何について怒られているのかわからなくなります。しかも、同じことで何度も怒られている子どもは、「どうせ怒られるなら、行動を改善しても意味がない」とあきらめてしまいます。

　加えて、性格や能力、身体的特徴、性別などを批判する「人格攻撃」もNGです。「何をやってもダメな子ね」「お前には無理だ」など、何をどう改善すればよいのかわからない怒り方をしてはいけません。親が子どもの人権を無視して、傷つけるような怒り方は避けましょう。

　保護者に伝えたい改善方法のポイントは「未来」と「人格尊重」です。過去に注目するのではなく、「未来」が今よりよくなる方法を、子どもの「人格を尊重」しながら一緒に考えてもらいます。例えば、妹を叩いた子どもに対して、どんな言葉を使って怒りますか。「未来」と「人権尊重」を意識して考えます。事実は事実として受け止め、今後どう改善していくかという改善点を探します。「妹

を押したのね。今度は押さなくていいようにするには、どうしたらいいかな？」
と聞くことができるでしょう。自分で解決策を考えることができれば、その目
標が達成される確率も上がり、保護者もイライラせずに済むはずです。

ワークⅡ：関係のないことを持ち出さない

保護者に「寝る時間を守れなかった子ども」について考えてもらいましょう。

❶保護者自身の第1次感情を見つける	時間を守ってもらえなかった気持ちは何ですか。 （例）残念
❷今後（未来）、どう改善してほしいのか	明日からどうしてもらいたいですか。 （例）夜9時までに寝てほしい。
❸人格を否定する言葉を考える	（例）バカじゃないの。ダメな子ね。どうしようもない。 勝手にしなさい。
❹セリフを考える	子どもの「人格を尊重」しながら「未来」が今より良 くなる方法を見つけるためのセリフを考える。
❺言葉に出して言ってみる	「寝る時間を守れなかった子ども」について（例）を使っ て、セリフを言ってみる。

「お母さんは、約束を守ってもらえなくてとても残念よ。9時30分になっても
布団に入っていなかったから、怒っているのよ。本当は約束を守って9時まで
には寝てほしい。明日からは遅くても9時30分までには布団に入ろうね」

このセリフであれば、「お母さんは残念に感じている」「約束を守れなかった
ことを怒っている」「明日からどうしたらいいかが明確」という第1次感情＋未
来志向で怒っていることが伝わります。この3つのポイントが盛り込まれてい
るかを確認し、実際にセリフを言ってみます。今までしていなかった伝え方な
ので違和感が生じるかもしれませんが、あえて言葉にして言ってみることが大
切です。さまざまな事例を使って繰り返し考え、言葉にすることで違和感は消
えていくでしょう。年長児になれば、約束を守れなかったときにどうするかを
本人に決めてもらうのもいいでしょう。そして、本人が決めたことをもう一度、
保護者が繰り返して言葉にして確認することで、より意識できるようになりま
す。

Verset

12

子どもを怒るときの注意点
❸原因を責めない

言葉づかいを変えてみる

　「何で？」「どうして？」など攻撃的な言葉を使うと、子どもは萎縮してしまいます。「何で、叩くの」「どうして、できないの」と言われた子どもは「だって、妹がブロック壊したから」「だって、できないんだもん」と言い訳をするのではないでしょうか。怒っているときは、相手を責めることでスッキリしたように感じますが、問題が解決しなければイライラは繰り返されます。保護者の怒る目的は、言い訳を聞くことではありません。問題となる行動を改善することです。

　保護者に伝えたい改善のポイントは「言葉づかい」です。「何で？」「どうして？」から「どうしたら○○（その問題が解決）できるかな」に変えるよう勧めましょう。言葉づかいを少し変えるだけで、柔らかい印象になります。

　もう1つ注意したいのが態度です。どんなに穏やかな言葉づかいで問いかけても、腕を組んで睨み付け、冷ややかに向き合っていると台なしです。子どもを愛している保護者であっても、怒っているときは「すごく怒っているのよ」と言わんばかりに態度が横柄になります。しかし、その荒々しい態度が、子どもの荒々しい態度につながると伝えるのも必要かもしれません。

　それぞれのポイントをシリーズ化して「アンガーマネジメントミニ知識」のお便りを定期的に発行すれば、保護者も自分の立場に置き換えて考えることができるかもしれませんね。

ワークⅢ：原因を責めない

保護者に「寝る時間を守れなかった子ども」について考えてもらいましょう。

❶改善してほしい行動について伝える	改善してほしい行動について伝える。
❷言い換える	「何で〜」から「どうしたら〜できるかな」に言い換える。
❸態度を考える	態度（表情、声のトーン、話す速さ、手足の位置、立ち位置、目の高さなど）を考える。
❹セリフを考える	「どうしたら〜」に言い換えて、解決方法を見つけるためのセリフを考える。
❺言葉に出して伝える	態度を意識しながら言葉に出して言ってみる。

　「寝る時間を守れなかった子ども」について、原因を責めずに伝える言い方を考えてみましょう。まず「お母さんは、約束の9時までに寝てほしいと思っているよ」と伝えます。次に、「どうしたら、約束している9時までに布団に入れると思うかな」と尋ねます。そして、その言葉を言うときの態度について考えます。「子どもの目線になって真剣な顔で、ゆっくりと話す。子どもの両手を握り、子どもの答えをあせらずに待つ」。

　子どもが自分で考えた方法ならば、本人も意識的に行動できるようになります。ただ、自分で決めたことも、かなり強い意志をもって取り組まないとなかなか身につかないものです。これは、大人にも言えることではないでしょうか。守れたり守れなかったりを繰り返すかもしれませんが、時間をかけて改善できるようサポートしていくといいですね。一度で習慣になると思うとイライラするので、繰り返し続けるようにアドバイスしてください。それでも改善されない場合は、「これならできそう」と思える別の方法を考えてもらいましょう。別の方法を考えるときのポイントは、レベルを下げるが「少しがんばってやってみる」とうまくいきそうな方法を探すことです。今できないことを何度繰り返してもできない場合、ハードルが高いのかもしれないという見方も必要なことを知っておきましょう。

Verset

13

子どもを怒るときの注意点
❹一方的に決めつけない

事実を確認して、一対一で伝える

　「いつも」「絶対」「毎回」など、強い表現はNGです。「いつも片づけていない」「絶対言うことを聞かない」「毎回妹を泣かす」など、決めつけた言い方をすると、子どもは反発心を抱きます。「いつもじゃない」と言い返してくるかもしれません。怒っているときは、いかにも自分が正しいと言わんばかりに大げさな表現をしてしまいます。しかし、100％本当のことでない限り、決めつけた言い方をしてはいけません。たとえ10回のうち9回できていなかったとしても、1回できているのは事実です。「いつもできていない」と決めつけると、きっと、その1回もしなくなるでしょう。

　もう1つしてはいけないのは「人前で怒る」ことです。「お兄ちゃん、いつも片づけていないでしょ」と、妹の前で怒るなど、つるし上げ的な怒り方です。「いつも片づけていないお兄ちゃんのようになったらだめよ」「あなたも同じことをしたら怒られるのよ」というメッセージを込めているのかもしれませんが、NGです。保育者のなかにもこのような怒り方をする人がいたなら、注意するほうがいいでしょう。

　保護者に伝えるときのポイントは、「事実確認」と「一対一」です。事実確認は必須です。怒るときには、子どもの現状を踏まえて、今後どのように改善するのかという検討が必要です。保護者が得ている情報の正誤について子どもに確認したうえで、顔を見合わせて一対一で改善策を考える時間をとることを勧

めましょう。忙しい毎日でなかなか時間がとれないかもしれませんが、将来に向けよい関係を築いていくために必要な時間であることを伝えられるといいですね。

ワークⅣ：一方的に決めつけない

保護者に「寝る時間を守れなかった子ども」について考えてもらいましょう。

❶事実確認をする	事実確認をする。
❷環境を作る	一対一で話ができる環境を作る。
❸未来志向で解決方法を見つけるためのセリフを考える	事実に対して、改善できる方法を見つけるためのセリフを考える。
❹事実確認＋解決方法のセリフを考える	未来志向のセリフを言ってみる。

一方的に決めつけないことを意識して事実確認するので「今日も寝る時間を守れなかったね」ではなく「今、約束していた9時の寝る時間を過ぎているよね」が理想的です。「も」を使うと「今までも」という意味が含まれてしまいます。さらに、保護者の気持ちにも一方的な決めつけが湧いてきます。今に焦点を当て、寝る時間が過ぎているという事実確認をします。

そして、周りにほかの家族がいないか確認します。せっかく話をしようとしても、テレビがついていたり、ゲームをしているなど、家族がいるスペースでは話に集中できません。もし、同じスペースに誰かいるのならば、場所を移したり、寝室に移動するなどして、お互いに今の話に集中できる環境を作ります。

怒るときの共通のルールは、未来志向であることです。「今度からは〜」「次は〜」「明日は〜」と、これから先の行動を改善すればいいことを子どもに理解できるように伝えましょう。ワークを通して繰り返し練習することで、未来志向の考え方が身に付き、自然に言葉が出てくるようになります。

Verset

14

子どもを怒るときの注意点
❺程度言葉を使わない

子どもが納得できる説明を

　次のNGワードは「ちゃんと」「しっかり」です。「ちゃんと片づけなさい」「しっかりしなさい」は、子育て中の保護者が使う代表的な言葉ではないでしょうか。しかし多くの場合、保護者にとっての「ちゃんと」と、子どもにとっての「ちゃんと」はイコールではありません。この曖昧な言葉を使って「何でちゃんとできないの」「しっかりしなさいって言ったでしょ」と子どもを怒っても、子どもの行動は改善されません。なぜなら、「ちゃんと」の程度が理解できていないからです。大人の場合、たとえ抽象的な言葉を使っても、その場の雰囲気を察してある程度理解し、行動を改善することができるかもしれませんが、子どもはそうはいきません。

　保護者に伝えたいポイントは「納得」です。「納得」といっても、保護者の立場ではなく、子どもにとっての「納得」です。「ちゃんと」の程度が具体的にどの程度なのか、子どもが納得できるように説明することが必要です。片づけることについていえば、「お人形は箱のなかに入れて、棚に片づける」と伝えれば、子どもは母親の「ちゃんと」を理解します。さらに「納得」しているかどうかは、もう少し確認する必要があります。子どもが「お気に入りのうさぎのぬいぐるみだけは、箱に入れたくない」と思っていたら、母親の「ちゃんと」に納得できません。保護者が「うちの子はちゃんとできないんです」と悩んでいたら、子どもがその条件を理解しているのか、納得しているのかを確認するようアドバ

イスするといいでしょう。

ワークⅤ：程度言葉を使わない

保護者に「寝る時間を守れなかった子ども」について考えてもらいましょう。

❶大人（保護者）の「べき」を具体化	ワークⅠ-❷（141頁）を使って、大人（保護者）の「べき」を具体的にする。
❷子どもが納得しているか確認する言葉	子どもが納得して行動できるか確認する。
❸具体化＋納得しているか確認するセリフを考える	具体化＋納得しているか確認するセリフを言ってみる。
❹態度を考える	子どもが納得できないならば、納得できる方法についてお互いに話し合う。
❺譲歩できる条件を考える	子どもの要求に対して譲歩できる条件を考える。

威圧的にならないよう、態度（ワークⅢ-❸（145頁））にも注意が必要です。「お母さんは9時までには寝てほしいけど、あなたはその時間までに寝ることについてどう思うかな」と確認し、子どもが無理だと答えたなら、子どもの要求と保護者の譲歩できる時間をすり合わせ、子どもが納得する時間を決めていきます。「9時30分までなら寝られるかも」と納得して決めたのなら、その約束は必ず守ることを伝え、9時30分以降も起きていたら「怒る」という境界線にすればいいでしょう。

「お母さんは9時までには寝てほしいけど、あなたは無理だと思うんだね。自分で決めた9時30分までという約束は、これから必ず守るようにしようね。その時間を過ぎたら、お母さんは怒るからね」と、話し合った内容をわかりやすく整理します。また、「怒る」を具体化しておくことも必要です。譲歩した条件である「9時30分を過ぎたとき」には「ゲームを3日間禁止する」などと伝えておけば、「お母さんが怒ったらゲームができない」と認識できます。守れば禁止されることはないことも知らせておきましょう。

Verset

15

保護者自身の怒りへの向き合い方
❶自分の怒りのタイプを知る

怒りの傾向とコントロールのための対策

　怒りには4つのタイプがあります。ここでは、保護者に自分の怒りのタイプを知ってもらい、タイプごとの特徴事例と、長期的に取り組むトレーニング方法についてアドバイスできるようになりましょう。また、保育者自身のタイプも診断し、今後の人間関係で役立ててください。

　では、なぜ自分の怒りのタイプを知っておくとよいのでしょうか。それは、自分がどんな怒り方をしているか認識していると「怒りすぎているかも」と気づきやすくなり、怒りすぎないための対応策を練ることができるからです。今後、自分の怒りをうまくコントロールして付き合うためには、傾向と対策は不可欠です。それでは、怒りのタイプを確認していきましょう。

タイプ	特徴
強度が高い	一度怒ると止まらない、強く怒りすぎる。
持続性がある	根にもつ、思い出して怒る。
頻度が高い	常にイライラしている、カチンとくることが多い。
攻撃性がある	他人を傷つける、自分を傷つける、物を壊す。

　「持続性がある」タイプの「思い出して怒る」とは、過ぎ去った怒りの出来事を思い出して、イライラし始めることです。たとえば、以前夫と大喧嘩をしたレストランに再び訪れたとき、喧嘩のことを思い出して怒りを蒸し返してイラ

イラするイメージです。「攻撃性がある」タイプの「傷つける」とは、言葉の暴力や行動の暴力も含め、「責める」と考えてください。

怒りの確認方法

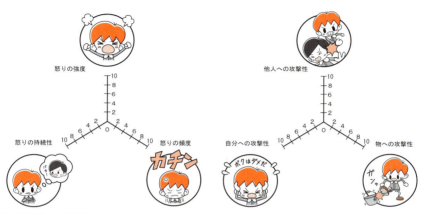

図 「怒り」の自己診断

❶ タイプごとにレベル分けをします。0が穏やかな状態、10が怒りのマックスです。
❷ 各項目のレベル点数を決め、それぞれ線で結んで三角形を作ります。
❸ 攻撃性は別枠です。他人、自分、物に対してどのくらい攻撃しているか点数をつけ、三角形を作ります。

　自己診断なので、どんな三角形になってもかまいません。できるだけ正直につけて自分のタイプを考えることが、スタートラインです。

　保育者もこの怒りの傾向が強い場合は、注意が必要です。保護者にアンガーマネジメントを伝える際は、自己開示することでうまくいく場合があります。「自分は○○のタイプなので、こんな失敗をしたことがあります。でも今は、□□のテクニックを使って△△な対応ができるようになりました」などと話すことで、共通の話題をもつこともできるでしょう。同じタイプの場合、同じ悩みを抱えている可能性もあります。仲間意識をもって保育者と保護者が一緒に取り組んでいくことが、あきらめずに続けていくコツです。

Verset
16

保護者自身の怒りへの向き合い方
❷強度が高い人のトレーニング

「べきログ」で怒りの傾向をとらえる

　強度が高い人は、1度火がつくと大爆発します。大声でどなったり、オーバーアクションで怒りを表現します。私が保護者研修を担当するなかで、母親に多いのがこのタイプです。「泣くまで怒ってしまう」という人にたくさん出会いました。実は私も、数年前までは同じようにヒステリックな怒り方をしていました。ヒステリックに怒っていると、一体何に怒っていたのか途中でわからなくなります。しかし、怒り始めると止めることができないので、溜まったストレスを吐き切るまで怒り続けます。

　子どもの人格を傷つけないために、強度の高い人に使ってほしいのが「べきログ」のトレーニングです。

効果	・怒りを爆発させる引き金になる「べき」に気づく。 ・不毛な「べき」を整理できる。 ・「べき」が裏切られる場面を予測でき、客観的に対処できるようになる。
手順	❶　「べき」を書き出す。 ❷　優先順位をつける。 ❸　怒りの傾向を客観的にとらえる。

　人はたくさんの「べき」をもって生活しています。「べき」に正解・不正解はなく、本人にとっては当たり前の価値観でも、他人と100％同じではありません。特に子どもと大人では、その価値観は大きく違います。また強度の高い人

は、一つひとつの「べき」に対する思い入れも強いのかもしれません。だから、裏切られたときのダメージが大きく、怒りも強くなってしまうのでしょう。

では実際に、「べきログ」をどのように使えばいいのか、事例から考えます。

事例

登園時、「朝は忙しいのに、自分で服を着てくれないんです」と怒って話す佳代ちゃんのお母さん。「さっさとカバンを片づけなさいよ！」と、追い打ちをかけるように大声で怒っている。

保育者 お母さん、お時間大丈夫ですか？

母親 はい、大丈夫です。

保育者 佳代ちゃんが、さっさと着替えてくれないから腹を立てているんですね。（受容）

母親 そうなんですよ。自分でできるくせになかなかやらないんですよ。

保育者 自分でできるって思っているんですね。少し時間はかかるときもありますが、自分でできることは多いですよね。お母さんは、早くするべき、と思っているのかしら。

母親 そうです。あとは、自分でするべき、かな。言わなくてもするべき、もあるかもしれません。

保育者 なるほど。もし、その中で一番大事だと思う「べき」を選ぶとしたら、どれでしょう。

母親 う〜ん。早くするべき、です。

保育者 その「べき」が一番重要なのですね。もしよかったら、明日から、佳代ちゃんが早くできるようにお母さんも少し手伝ってあげてもらえませんか。早く準備ができるようになったら、「自分でするべき」「言わなくてもするべき」を徐々に伝えていくといいかもしれませんね。

母親 わかりました。やってみます。

保育者 結果を教えてくださいね。いつでも相談にのりますよ。

保護者に「べきログ」フォーマット（162頁）を渡すなど、時間のあるときにつけてもらってもいいでしょう。

Verset

17

保護者自身の怒りへの向き合い方
❸持続性がある人のトレーニング

「グラウンディング」で気持ちを切り替える

　持続性のある怒りのタイプの人は、腹が立った出来事をいつまでも覚えています。そしていつまでもくよくよと悩んだり、何度も思い出してイライラしてみたり、ふとした瞬間に思い出して怒りがこみ上げてきたりと、怒りにがんじがらめになっている可能性があります。

　怒りの持続性は人それぞれです。子どもは、大人ほど怒りを引きずることはありません。怒られた次の瞬間に「お母さん、今日のおやつは何？」と聞いてきたりします。怒りを引きずっていると、いつまでも自分の心を解放することができません。長期的にゆっくりトレーニングを続けることで気持ちを切り替えられるよう、アドバイスしましょう。

　持続性がある人に使ってほしいのが「グラウンディング」のトレーニングです。

効果	・持続性のある怒りから解放される。 ・未来に不安を感じているときにも効果的。 ・今に集中できる。
手順	❶　今、目の前にあるものに意識を集中させる。 ❷　細かく観察する（色、形、感触、匂い、温度など）。 ❸　観察を終えたら、気持ちが切り替わる。

　持続性のある人に限らず、人は「今」を生きているのに、気持ちだけ過去や

未来へ移動して後悔したり、不安を抱いたりします。特に持続性の高い人は、過去へのこだわりが強い傾向があるので、テクニックを使って「今」に集中するトレーニングが必要です。過去に怒りを感じた経験から解放されると、思い出して怒ることが減り、言いたいことを1つに絞って怒ることができます。ここでは、日常の会話のなかで保護者にテクニックを紹介する方法を考えます。

事例

　お迎えに来た美月ちゃんのお母さん。靴を履こうとしている美月ちゃんに「この前も反対に履こうとしていたよね。もしかして今日も、反対に履こうとしているんじゃない。毎回言わせないでよね」と、イライラしている。

保育者　美月ちゃんのお母さん、お帰りなさい。

母　親　お世話になりました。

保育者　どうしたんですか。何か手伝うことありますか。

母　親　いいえ、この子が靴を反対に履きそうなんで注意してたんです。

保育者　美月ちゃん、靴を反対に履きそうで心配だったんですね。

母　親　そうです。前も反対に履いていて、怒ったことがあるんですよ。

保育者　なるほど。でも、前に怒ったことを何度も怒っていると、お母さんは疲れませんか。

母　親　はい。疲れます。

保育者　これ以上疲れないようにするために、少し美月ちゃんの様子を観察してみるのはどうでしょう。まだ反対に履いてもいない美月ちゃんにイライラするのではなく、反対に履いたときに怒るようにすれば、イライラの時間は短縮できます。

母　親　わかりました。やってみます。

保育者　イライラの時間が短縮されれば、きっとお母さんも楽になれますよ。

　保護者に「グラウンディング」フォーマット（163頁）を渡して、イラッとしたときに観察の視点にスイッチできるトレーニングをしてもらいましょう。

Verset

18

保護者自身の怒りへの向き合い方
❹頻度が高い人のトレーニング

怒りの記録をつける

　頻度が高い怒りのタイプの人は、些細なことにイライラして怒りの発信源になっていることがあります。怒りは伝染するため、家族にひとり頻度が高い人がいるだけで、雰囲気が悪くなってしまいます。その雰囲気のなかで生活している子どもは、落ち着く場所がないのでイライラが強くなります。

　怒りの頻度が高い人は、怒るほどのこともない出来事にイライラしている可能性があります。イライラしている時間が長いと無駄にエネルギーを消費するので、さらにイライラを誘発します。まずは、自分がどんなことに怒りを感じやすいのかを見つけるための記録を勧めてみましょう。

　頻度が高い人のトレーニングとしてお勧めしたいのが「アンガーログ」です。

効果	・自分の怒りを客観視できる。 ・自分の怒りのパターンが見える。 ・文章にすることでクールダウンできる。
手順	❶ 怒った瞬間につける（日時、場所、出来事、思ったこと、怒りの温度）。 ❷ 怒るたびにつける。 ❸ 分析しない。

　アンガーログは怒りの日記、記録としてつけていきます。基本的には分析しませんが、ある程度溜まってきたら整理が必要です。時間、場所、出来事、怒りの温度ごとに分類すると、自分がどんなことに怒りやすいのか、怒りの特徴

や傾向が見えてきます。怒りに直結するものがわかれば、テクニックを使って予防することができます。ここでは、会話を通して保育者が保護者に「アンガーログ」をつけてもらうためのきっかけづくりの方法を考えます。

事例

「最近すごくイライラして、つい子どもに当たってしまうんです。でも結局、泣き出した子どもの声にもイライラしてしまって…。どうしたらいいかわかりません」と相談に来た、妃佐子ちゃんのお母さん。

保育者 お母さんもしんどかったですね。

母親 はい。もう疲れました。

保育者 イライラが続くと疲れますね。具体的にどんなことにイライラしているか覚えていますか。

母親 もう、すべてのことにです。

保育者 その状態だと改善ポイントが見つからないので、もしよかったら怒りの記録をつけてみませんか。怒りの記録をつけると、どんなことにイライラしがちかわかるようになるので、怒らなくてもいいことが見つかりますよ。きっと、お母さん自身がずいぶん楽になるはずです。一緒に試してみませんか。お手伝いします。

母親 できるかどうかわかりませんが、やってみます。

保育者 まずは1週間だけやってみましょう。そして、溜まった記録を一緒に整理して、改善ポイントを探す作業を手伝いますね。お母さんの無理のない範囲でかまいませんので、腹が立つごとに記録してください。

母親 わかりました。やってみます。

保育者 イライラ時間が短縮すれば、きっとお母さんも楽になれますよ。

　保護者に「アンガーログ」フォーマット（164頁）を渡して、イライラするたびに記録してもらい、怒りを整理して対策を考える方法を一緒に検討しましょう。

Verset
19

保護者自身の怒りへの向き合い方
❺攻撃性が高い人のトレーニング

誰もがもつ「攻撃性」

　攻撃性には、「他人を責める、自分を責める、物に当たる」という３つの方向があります。これらは、言葉の暴力も含めて誰かを傷つけるような攻撃性が強くなると、虐待につながります。また、自責の念や罪悪感に苦しみ、自傷行為につながったり、物を壊すことで発散しようとすると、その行動はエスカレートします。攻撃性は、方向性や強弱はあるものの、誰もがもち合わせている怒りの性質といえます。本書でも紹介した「怒るときのルール」を守るためにも、攻撃性を和らげるトレーニングが必要です。

　攻撃性が高い人が親子で取り組むトレーニングが「身体リラクゼーション」です。

効果	・脳からセロトニンが放出され、ストレスが緩和する。 ・リラックス効果が高い。 ・親子で取り組める。
手順	❶ 効果的な運動を、親子で楽しく取り組む（ジョギング・ウオーキング・水泳・ストレッチ・ヨガ・エアロビクスなど）。

　「身体リラクゼーション」は、有酸素運動を行うことでリラックスする方法です。簡単なので、親子で取り組めるトレーニングです。休日を利用して、親子で相談しながらメニューを決めて取り組むと楽しいのではないでしょうか。ま

た、「身体リラクゼーション」をしながら親子の会話をすることで、気持ちコミュニケーションをとるよい機会になることも伝えましょう。リラックスする方法を身につけておくと、怒りを爆発させることもなくなり、怒るときのルールを守って自分の怒りを表現できるようになります。ここでは、会話を通して保育者が保護者に「身体リラクゼーション」を紹介する方法を考えます。

事例

「私って駄目な母親なんでしょうか。子どもに怒ってばかりで、それにこの前は、洗い物をしているときにコップを雑に扱って割ってしまいました」と自分を責めて落ち込んでいる有加ちゃんのお母さん。

保育者 お母さん、自分を責めているんですね。

母　親 駄目な母親なんです。

保育者 駄目な母親なんかじゃありませんよ。

母　親 ……

保育者 今お母さんは、攻撃性が高い怒りに悩んでいるように感じます。もしよかったら、有加ちゃんと一緒に身体リラクゼーションのトレーニングをしてみませんか。

母　親 身体リラクゼーション？

保育者 はい。ジョギングやウオーキング、ストレッチなど、有酸素運動をすることで、リラックス効果が高まるんですよ。時間のあるときでかまいませんので、ストレスを緩和すると思って試してみてください。

母　親 それならできそうです。

保育者 有加ちゃんもきっと、お母さんと一緒にできることを喜ぶと思います。ゆったり運動しながら、保育園のことなども聞いてみてください。

母　親 わかりました。やってみます。

保育者 ストレスが緩和すれば、気持ちも楽になると思います。何かあればいつでも相談してくださいね。

　休日明けには保護者の様子を観察し、時間がとれそうなときに進捗を尋ねるなど、サポート体制も作っておきましょう。

付録① 「感情の整理」ワークシート

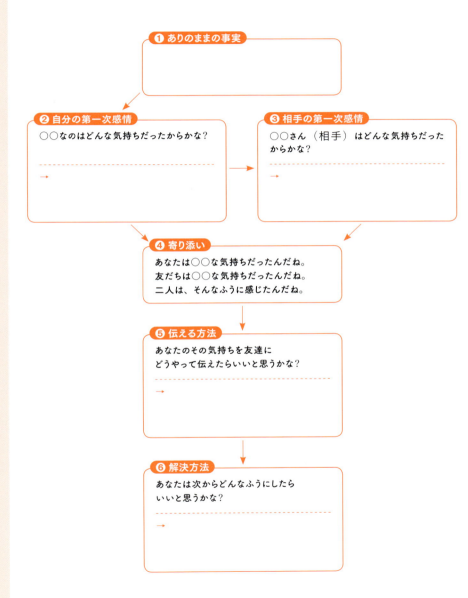

付録② 「べきログ」フォーマット

べきログ	大切だと思う「べき」	優先順位

　自分が大切だと思う「べき」を書き出します。思いつくままでかまいません。すべて書き出したら、今度はその「べき」の優先順位をつけます。自分が大事だと思うものベスト３を選びます。怒りの引き金になる「べき」を減らすことで、無駄にエネルギーを消費することはなくなります。

付録③ 「グラウンディング」フォーマット

	観察したもの	気づいたこと
グラウンディング		

　まずは観察するものを選んで記入します。そして、その対象物を細かく観察し、見つけたことを記録していきます。最終的にはそれを頭のなかでするようにしますが、慣れるまでは、紙に書くことで意識を集中させて観察する練習をしていきます。過去や未来に意識を飛ばさず、「今」に集中することで無駄な怒りを引き寄せることはなくなります。

付録④ 「アンガーログ」フォーマット

アンガーログ	日時	
	場所	
	出来事	
	思ったこと	
	怒りの温度	

　アンガーマネジメントの基本となるテクニックです。腹が立つごとに記録することが大切です。このフォーマットをポケットに入るだけ印刷しておき、腹が立つごとに記入してもらいましょう。この紙にこだわる必要はなく、小さなメモ帳やコピー用紙でも構いません。大切なのは一定期間続けて、怒りの傾向を見つけることです。

参考文献

安藤俊介
『［図解］アンガーマネジメント超入門 「怒り」が消える心のトレーニング33』
ディスカヴァー・トゥエンティワン、2017年

安藤俊介
『○×まんがでスッキリわかる　もう怒らない本』
ディスカヴァー・トゥエンティワン、2017年

一般社団法人日本アンガーマネジメント協会
『日本アンガーマネジメント協会テキスト』
2015年

戸田久実
『アンガーマネジメント　１分で解決！　怒らない伝え方』
かんき出版、2015年

篠真希
『お母さんのためのアンガーマネジメント入門　子育てのイライラ・怒りにもう
振り回されない本』
すばる舎、2017年

田辺有理子
『イライラとうまく付き合う介護職になる！　アンガーマネジメントのすすめ』
中央法規出版、2016年

おわりに

　まずはじめに、本書の執筆に至ることができたのは、前著『保育者のための
アンガーマネジメント入門　感情をコントロールする基本スキル23』をたく
さんの方々に手に取っていただいたおかげであり、そのことに心から感謝します。
　前作の「叱り方、怒り方」と違い、今回は「子どもの気持ち」に焦点を当て
た内容です。私は保育をするうえで、子どもの気持ちを理解することは、簡単
に見えて実はとても難しいことなのではないかと考えています。保育者が思う
「子どもの気持ち」と、子ども自身が感じている「子どもの気持ち」は本当に同
じでしょうか。それを確認するには、子どもが自分の言葉で伝えるしかありま
せん。ところが今、自分の気持ちを表現する言葉を知らない子どもが増えてい
ます。そして、その原因は大人にあるといえるのです。ほとんどの気持ちを「面
白かった」「楽しかった」「ムカついた」という3つの言葉で終わらせていません
か。これでは、心豊かな子どもは育てられません。
　アンガーマネジメントに取り組むためには、気持ちを表現する言葉の数を増
やすことが欠かせません。言葉豊かに感情が表現できると、気持ちが伝わり受
け止めてもらえることで、イライラすることが減ってきます。私自身、アンガー
マネジメントに出会って変わることができたのです。講演会の場で「穏やかで
すね。全然怒りそうに見えません」と言われることが多くなりました。実際は、
まだまだ怒ることもありますが、それでも「明らかに短気な人」には見られな
くなったのです。
　そして、保育のなかで子どもの心を救うことができ、保護者の気持ちに寄り
添い、後輩から慕われ、先輩から頼りにされる保育者として生まれ変わること

ができたのです。その効果は家庭にも表れています。わが家は今、とても平和です。もちろん腹が立つこともイライラすることもありますが、みんなが上手に自分の感情を伝えようと努力しています。それが心の安定、家庭の平和につながっています。

　本書を手に取ってくださったことで、あなた自身とあなたの周りの人たちが心地よい人間関係のなかで、「自分を傷つけず、他人を傷つけず、物に当たらない」毎日が送れるようになると信じています。

　今回の執筆でもたくさんの方々にサポートいただきました。

　たくさんの学びや気づきを与えてくださる日本アンガーマネジメント協会の安藤俊介代表をはじめ、全国のファシリテーターの仲間に感謝いたします。また、前作に続き素敵なイラストを描いてくださったイラストレーターの山本尚樹さん、ていねいにご指導くださいました中央法規出版第1編集部の平林敦史さん、ありがとうございます。

　そして、いつも私の仕事を応援してくれる子どもたち、私のことを心配してくれている母、家事を積極的にこなしてくれる旦那さん、無事完成させることができました。本当にありがとう。

　最後に、本書を手に取ってくださったあなたに、心から、ありがとうございます。

2018年4月　著者

著者紹介

野村恵里（のむら　えり）

colorful　communications代表。現場経験20年
の元岡山市公立保育園保育士。日本アンガーマ
ネジメント協会公認シニアファシリテーター。
旭川荘厚生専門学院専任講師を務める傍ら、コ
ミュニケーション講師として保育・教育関係で
登壇。岡山を中心に、親子で気持ちコミュニケー
ションを学ぶ「心と気持ちコミュニケーショ
ン教室」を開催。2017年『保育者のためのアン
ガーマネジメント入門』（中央法規出版）を出版。

保育者のための
子どもの「怒り」への
かかわり方
アンガーマネジメントのテクニック

2018年6月10日　初　版　発　行
2021年8月10日　初版第3刷発行

著者	野村恵里
発行者	荘村明彦
発行所	中央法規出版株式会社
	〒110-0016
	東京都台東区台東3-29-1 中央法規ビル
	営業　　　　　　Tel 03（3834）5817　Fax 03（3837）8037
	取次・書店担当　Tel 03（3834）5815　Fax 03（3837）8035
	https://www.chuohoki.co.jp/
装丁	山田知子（chichols）
イラスト	山本尚樹
印刷・製本	株式会社アルキャスト

定価はカバーに表示してあります。
ISBN978-4-8058-5706-9

本書のコピー、スキャン、デジタル化等の無断複製は、著作権法上での例外を除き禁
じられています。また、本書を代行業者等の第三者に依頼してコピー、スキャン、デ
ジタル化することは、たとえ個人や家庭内での利用であっても著作権法違反です。
落丁本・乱丁本はお取替えいたします。
本書の内容に関するご質問については、下記URLから「お問い合わせフォーム」にご
入力いただきますようお願いいたします。
https://www.chuohoki.co.jp/contact/

好評既刊

保育者のための
アンガーマネジメント入門

感情をコントロールする基本スキル23

野村恵里 著

A5判　並製　本文162頁
ISBN978-4-8058-5550-8
2017年7月発行

定価　本体1,500円（税別）

気苦労の多い保育の現場では、園児に限らず
同僚や保護者とのかかわり等で、怒りを抱くことも多いもの。
本書では、アンガーマネジメントを用いた怒りのコントロールや、
子どもたちへの上手な「伝え方」を提案。
怒りに任せた表現を変えることで、人間関係をプラスに転換する方法を学びます。